지속가능한 여행을
하고 있습니다

지속가능한 여행을
하고 있습니다

SUSTAINABLE
TRAVEL

**여행을 좋아하지만
더 이상 지구를 망치기 싫어서**

홀리 터펜 지음 | 배지혜 옮김

한스미디어

'지속가능한 여행'을 시작한
한국 독자들에게

코로나바이러스감염증-19(이하 '코로나19')가 몰고 온 위기를 이겨 내기 위해 전 세계가 한마음으로 노력하는 동안, 우리는 과거 어느 때보다 자신의 생활 방식을 되돌아보며 양심에 따라 하루하루를 살게 되었습니다. 우리는 이번 계기로 기후 위기가 현실이 되었을 때 마주하게 될 세상을 조금이나마 엿보게 된 것인지 모릅니다.

아마도 너 나 할 것 없이 이 위기를 어떻게 하면 극복할 수 있을 지 고민하며, 하나의 공동체로서 대자연이 평화로운 조화를 이루 는 데 필요한 균형점에 대해 생각해보았을 것입니다. 그동안 우리 는 자연의 생명 유지 시스템이 점점 파괴되는 것을 그냥 지켜만 보 았고, 자연과 더불어 살며 자연의 수호자 역할을 해왔던 소수 민족 의 목소리가 무시당하는 것을 모른 척 했으며, 사회적 불평등이 날 로 심각해져가는 것을 그저 방치해왔습니다. 그러던 우리에게 이번

4

에야말로 정말로 큰 변화가 필요하다는 각성의 계기가 찾아온 것입니다.

거대한 자연의 한 요소로서, 우리가 무엇을 구매하고 어떠한 행동을 하느냐에 따라 모든 과정에 영향을 끼치게 됩니다. 여행도 마찬가지입니다. 코로나19 바이러스로 경험하게 된 팬데믹 세상에서는 이 책에서 다루는 문제점과 논점이 더욱 도드라질 것입니다. 이 책에서는 여행이 지역 공동체 사람들에게 어떠한 영향을 끼치는지 살펴보며, 또 어떻게 하면 연약한 생태계와 야생 동식물을 보호하는 데 보탬이 될 수 있는지 살펴보고 있습니다. 또한, 잘못된 방향으로 가고 있던 우리의 행동을 꼬집기도 했습니다. 관광객 때문에 몸살을 앓던 국립공원과 하천은 팬데믹으로 우리의 발이 묶인 동안 평온을 되찾았습니다. 지역 주민들이 원래 살던 그들의 도시를 온전히 누릴 수 있게 되었고, 이제 관광지들은 관광객 수가 아닌 환경적·사회적 영향을 성공의 기준으로 삼기로 다짐하기도 했습니다.

참 아이러니하게도, 지난 1년간 우리는 관광 수익 분배 문제나 편향된 인종 표현 문제, 불평등이나 탄소 문제 같은 인류의 만성적인 고민거리들을 돌아보며 뜻 깊은 시간을 보낼 수 있었습니다. 이제는 맹목적인 소비자에서 양심적인 인간으로 변화하기 위해 행동할 차례입니다.

우리가 해야 할 일은 그 어느 때보다 분명해졌습니다. 여행을 멈추는 것이 아니라, 여행을 통해 긍정적인 변화가 일어날 수 있도록 행동하는 것입니다. 하지만 그 목표를 이뤄나가는 과정은 아직 모호하고 혼란스러운 상황입니다. 환경 관련 인증이 200개가 넘고, '친환경'을 내세워 홍보하는 호텔이나 여행사는 그보다 훨씬 많습니다. 너도나도 지속가능성을 주장하는 세상이다 보니 무엇이 진짜 환경을 위한 것인지 혼란스럽기만 합니다. 친환경에 대한 의견들이 가지각색인 데다, 옳은 일을 위해 노력해야 한다는 것은 알지만 이를 그대로 실천하기가 때로는 부담스럽고 무의미하다고 느껴지는 때도 있거든요. 하지만 어렵게 생각할 필요는 없습니다.

남아프리카 공화국에서 지역 공동체를 위한 숙박업소를 운영하는 사이먼 블랙번Simon Blackburn은 "여행을 통해 자연을 재생시키고 지역에 활기를 불어넣어야 한다"라고 주장합니다. 여행을 왜 해야 하는지, 그 의미와 방식을 꼼꼼히 따지면서 코로나19의 긍정적인 영향은 확대하고 부정적인 영향은 보완한다면, 여행을 통해 우리의 삶은 더 풍만해질 수 있습니다. 또한 지속가능한 방식으로 여행 방법을 바꾼다면 우리 자신이 더 나은 사람으로 거듭날 수 있다는 사실을 기억해주셨으면 좋겠습니다. 코로나19의 후폭풍이 지나고 나면 자신을 돌보는 여행을 넘어서 '세상을 변화시키는 여행'이 우리가 살아가는 세상에 긍정적인 영향을 미치는 가장 좋은 방법으로 자리 잡게 될 것입니다.

여행의 빈도수는 줄이고, 여행의 목적과 의미는 분명히 하되, 더

먼 곳까지 느리게 다녀보세요. 또 주변 사람들과 지역에 관심을 가지고 둘러보며 자연이나 공동체와 끈끈한 유대를 쌓아보세요. 이 중에서 나에게 맞는 방식을 찾아 그 어떤 것으로라도 함께 노력한다면 세상을 바꿀 수 있습니다. 이 책이 여러분의 여정에 도움이 되길 바랍니다.

2021년 5월

홀리 터펜

H C Tupper

《지속가능한 여행을 하고 있습니다》를 펴내며

한 모험을 계기로 지속가능한 여행의 세계에 발을 들이게 되었다. 남자친구와 나는 세계지도를 하나 장만해 흥미로워 보이는 장소를 표시해두곤 했었는데, 어느 날 그 장소들을 선으로 연결하다가 번뜩이는 여행 아이디어가 떠올랐다. 우리는 비행기를 타지 않고 세계 일주를 하기로 했다. 기왕이면 여객선을 타는 대신 보트 탐험을 하고, 버스를 타는 대신 3,000마일짜리 자전거 여행을 하기로 했고 여행 일정표는 점점 미지의 장소들로 가득 찼다. 그리고 이 여행은 나의 사랑부터 정치적 견해에 이르기까지, 내 삶의 모든 측면에 긴 여운을 남겼다.

런던으로 돌아온 후에는 정말 감사하게도 꿈꾸던 일을 하게 되었다. 항공편 없는 여행을 지향하는 여행 플랫폼 '그린 트래블러Green Traveler'에 몸담기도 했고, 지속가능관광협회에서 발간하는 잡지 〈그린 호텔리어Green Hotelier〉의 편집자로 일하는가 하면, 지속가능 여행 전문가 겸 작가로서 〈가디언Guardian〉, 롱런The Long Run, 세계여행관광협회World Travel and Tourism Council에 글을 기고하기도 했다. '느린 여행'이 '지속가능한 여행'으로 발전했고, 지속가능한 여행은 곧 내가 여행하는 방식이 되었다.

하지만 달콤함도 잠시, 최근 몇 년 동안 나는 내가 그토록 사랑하는 여행과 그로 인한 부작용이 갈수록 날카롭게 대립하는 것을 느끼게 되었다. 우리는 여행을 통해 영감을 얻고, 새로운 인연을 만나며, 삶과 장소에 생기가 도는 것을 목격하기도 하지만, 그 여행 때문에 현지인들은 삶의 터전을 빼앗기기도 하며 환경이 파괴되기도 한다. 문득 뒤돌아보니 여행은 이제 끊임없이 쏟아지는 공산품이 되어 있었다.

나는 그동안 환경을 생각하는 척하는 이들의 위선에 분개했고 계속해서 쌓여가는 플라스틱 쓰레기에 좌절했다. 과잉관광과 기후 변화 때문에 목숨을 잃는 생명을 떠올리며 마음이 저리기도 했다. 기후 위기에 대해 더 많이 알게 될수록, 그리고 여행의 상업적인 측면을 깊이 탐구할수록 환경을 생각하는 척하며 만들어진 것들의 보여주기 식 위선에 구역질이 날 것 같았다.

그런가 하면 지속가능한 여행을 실천하는 사람들을 직접 만나 인터뷰하면서 그들의 영향력에 감탄하기도 했다. 도저히 바뀔 것 같지 않던 불리한 상황에서도 긍정적인 변화를 만들기 위해 삶을 헌신하는 이들을 보며 경외심에 눈가가 촉촉해지기도 했다. 인간과 자연이 얼마나 복잡하고 긴밀하게, 그리고 아름답게 얽혀 있는지 느끼며 코끝이 찡하기도 했다. 코로나19로 세상이 멈춘 동안 우리가 여행하던 기존 방식의 명과 암을 더욱 분명하게 볼 수 있게 되었다.

나는 여행의 두 얼굴을 부정하기보다 순순히 받아들이기로 했다. 그렇게 하고 나니 비로소 여행에 대한 나의 욕구를 억누를 수 있었고, 동시에 이전처럼 세상을 탐험하는 도전을 계속할 수 있었다. 이제는 기회가 생겼다고 해서 덥석덥석 비행기에 오르는 대신 집에서 가까운 장소를 탐험하게 되었고, 어쩌다 비행기를 타게 되면 변화를 만드는 사람들을 응원하고 그들의 이야기를 전하는 기회로 삼아 여행을 의미 있게 만들기 위해 노력했다. 그리고 코로나19로 여행 산업이 큰 타격 입은 가운데, 이런 노력이 어느 때보다 중요해졌다.

이 책을 읽으면서 여러분도 이제껏 내가 겪었던 과정들을 비슷하게나마 경험할 수 있길 바란다. 우선 지속가능성을 이야기하는 이유와 지속가능한 여행을 하기 위해 노력해야 하는 이유를 알아보자. 환경을 생각하는 척하는 위선에 넘어가지 않도록 진짜 지속가능한 여행을 구분하는 방법과 '책임감 있는 여행 의식'을 기르는 방법도 살펴볼 것이다. 그다음은 한 걸음 더 나아가보자. 4장에서는 문화유산을 보호하는 여행, 지역사회에 보탬이 되는 여행, 멸종 위기종을 보존하는 여행 등 여러 예시를 바탕으로, 여행을 통해 어떻게 세상을 바꿀 수 있을지 살펴볼 것이다. 마지막으로, 여행 지역과 여행자 모두에 선한 영향을 미치는 여행 방법을 대륙별로 나누어 간략하게 소개하겠다.

다른 여행 책들과는 달리, 이 책은 여행의 화려한 면만 강조하지 않는다. 책임감 있는 여행이란 단숨에 달성할 수 있는 목표가 아니어서 꼬리에 꼬리를 물고 질문들이 생기게 마련이다. 지속가능성은 복잡한 과제이고, 앞으로 나아가기 위해서는 모두 다 같이 의견을 모아 의식적으로 실천해야만 한다.

아직 좌절하지 말자. 앞으로 10년은 우리 인류가 계속 생존할 수 있을지를 결정하는 인류 역사상 가장 중요한 기간이 될 것이고, 여행 산업은 지금 벼랑 끝에 서 있다. 길을 찾아 앞으로 계속 나아갈 수도, 벼랑 아래로 몸을 던져 끝없이 추락할 수도 있다. 휴가철 여행객, 탐험가, 사회운동가, 유권자, 모험가로서, 그리고 대자연과 이국적인 문화를 경험하며 삶의 에너지를 얻는 사람으로서 우리가 다 함께 손을 잡으면 여행 산업을 밝은 길로 인도할 수 있다.

CONTENTS

1
좀 더 나은 방법으로
여행할 수 있을까?

———

———

지속가능한 방법으로 여행하는 이유와 방법을 이해하려면 갈수록 답하기 복잡해지는 다음과 같은 의문부터 해결해야 한다.

'기후 위기 속에서 여행을 정당화할 수 있을까?'

어려운 질문이고 과학적인 자료를 살펴보지 않고는 완전한 해답을 찾을 수 없겠지만, 우리가 방식을 바꿀 수만 있다면 여행해야 할 마땅한 이유를 찾을 수 있다는 것을 이 책을 통해 증명하려 한다.

이 장에서는 이런 의문이 왜 생겼는지, 황금 같은 휴가를 보내며 왜 이런 문제를 신경 써야 하는지 알아보고, 지속가능한 여행을 하기 위해서는 어떤 사고방식을 가져야 하는지도 살펴보자. 지금보다 양심적으로 여행하면서 지구에 도움이 되는 방법을 찾게 된다면 뿌듯할 것이다. 세상을 탐험하며 더 알아갈 수 있게 해주는 여행, 우리가 사랑해마지않는 그 여행을 계속하고 싶다면 우리는 반드시 변해야만 한다.

지속가능한 여행이 무엇일까?

UN 산하 기구인 세계관광기구World Tourism Organization에서는 지속 가능한 여행을 '현재와 미래의 경제적·사회적·환경적 영향에 책임 지며 여행자·산업·환경과 여행 지역 공동체의 요구를 해소하는 여 행'으로 정의한다.

하지만 이렇게 모호한 정의는 더 이상 현실과 맞지 않는다. 여행 자와 여행 산업의 요구가 환경과 여행 지역 공동체의 요구보다 우선 일까? 여행자가 모든 영향에 책임지는 수준을 넘어, 방문하는 곳마 다 긍정적인 영향을 미쳐야 하지 않을까?

지속가능성이라는 말은 끊임없이 이어질 수 있다는 뜻이다. 하지 만 긴박한 환경 위기를 겪고 있는 지금은 이런 개념에 집착하기보다 변화를 이끌어 더 나은 세상을 만드는 데 도움이 되는 경험을 찾아 나서야 한다. 이를 테면, 자연 보호 기금을 모으거나, 현지의 소외

계층을 돕거나, 지역 사회가 직접 설계하고 운영하는 프로그램에 참여하거나, 현지의 소수 민족에 대해 배울 기회를 제공하거나, 가까운 자연과 문화유산을 깊이 탐구하는 등 여행자와 지역 주민 모두가 행복해질 수 있는 방식 말이다.

이런 방식으로 생각하기 시작하면 앞으로 풀어야 할 숙제가 한참 남았다는 사실을 깨닫게 될 것이다. 아직은 책임 여행을 하고 있다며 스스로 들떠 자화자찬할 때가 아니다.

국내를 여행하는 더 좋은 방법이 있을까? 어떻게 하면 모두가 자유롭고 평등하게 여행을 즐길 수 있을까? 가상현실을 활용한 여행은 어떨까? 다양성과 포용력을 어떻게 하면 확보할 수 있을까? 기후변화를 극복하는 데 여행이 보탬이 될 수 있을까? 그리고 여행이 우리의 내면에 미치는 영향 또한 들여다보게 된다. 자연과 사람, 사람과 사람을 더 끈끈하게 연결하는 데 여행이 어떤 도움을 줄까?

지금 같은 상황에서 어떤 말로 설명하든 지속가능한 여행은 목표가 아닌 여정이다. 후딱 해치운 다음 할 일 목록에서 빼버릴 수 있는 단기적인 임무가 아니기 때문에 우리는 끊임없이 배우고 적응하며 다른 사람들이 우리와 같은 길을 가도록 격려해야 한다. 모두가 빨리 한배에 올라탈수록 더 수월하게 앞으로 나아갈 수 있다.

기후와 생물 다양성 위기에 대해

/

　'지속가능성'이라는 말을 매일 쓰게 되면서 정작 왜 지속가능성을 이야기하는지는 잊기 쉬워졌다. 여행이 세상에 어떤 영향을 미칠 수 있는지 자세히 알아보기 전에 먼저 지속가능성이 왜 중요한지부터 되짚어보자.

　기후 변화에 대한 논의는 1970년대부터 끊임없이 이어져왔다. 30년도 더 전에 내가 초등학교에 다니고 있을 때도 삼림 파괴와 기후 상승, 동물의 멸종에 대해 배웠다. 어린 나로서는 너무 믿기 힘든 이야기여서 정확히 기억한다. 대체 인간이 왜 그런 짓을 하는지 이해할 수 없었다. 소름 돋는 것은, 내가 30년 전에 배웠던 문제를 지금 우리 아이들이 똑같이 배우며 좌절하고 있다는 것이다. 진보와 발전에는 그토록 속도를 강조하던 인류가 지구를 쓸어버릴 수도 있을 정도로 심각한 사안에는 거북이걸음으로 나아가고 있다.

그동안 혼란스러워만 하며 진실을 보지 못하고 효과적으로 대응하지 못했던 것이 어쩌면 당연했는지도 모른다. 책임을 져야 할 사람들은 모두 책임을 회피하기에 급급했고, 나머지 사람들은 점점 희망을 잃어갔다.

하지만 2019년 이후 기후 위기와 관련된 뉴스가 본격적으로 보도되고, '위기'라는 단어도 사용되기 시작했다. 소셜미디어를 주로 이용하는 젊은이들과 세계적으로 이름을 날린 그레타 툰베리Greta Thunberg 같은 유명한 연설자 덕분이라고 말하는 사람들이 있는가 하면, 정치 및 사회적 불안감을 축소시키고 주의를 돌리기 위한 미끼라고 하는 사람도 있다. 어쨌든 2019년부터 사람들은 악몽인 줄 알았던 예측이 현실이 되었다는 사실을 깨달았고, 기후 변화는 '기후 위기'로 불리기 시작했다.

기온이 상승하면서 날씨 패턴이 바뀌었고, 생물에도 영향을 끼치기 시작했다. 캘리포니아와 호주에서 큰 화재가 발생하는가 하면 푸에르토리코는 허리케인 마리아로 엄청난 타격을 입었다. 한 번도 태풍을 겪은 적 없던 모잠비크에 태풍 두 개가 연달아 지나기도 했다. 최근에 발생한 기후 관련된 재앙들은 이것 말고도 더 있다. 일 년 내내 가뭄이 이어진 지역이 있는가 하면 해안가에 사는 미국인 860만 명이 수재민이 될 위기에 처하기도 했다. 사람이 살 수 없는 땅으로 서서히 변해가는 도시들이 점점 늘고 있는 것이다.

물론 지구는 과거에도 기후 변화를 겪었다. 심상치 않은 변화가 계속됐음에도 화석 연료 로비스트와 임기가 짧은 정치인들, 시장경제 논리를 등에 업은 기업인들의 이러한 주장 덕분에 몇십 년 동안

기후 변화에 대한 우려는 무시되고 나쁜 관행이 계속되었다. 결과적으로 편리함과 안락함을 주는 값싼 제품들을 끝없이 생산하며 탄소를 발생시키고 생태계를 파괴해왔다. 장기적인 풍족함보다 당장의 이익을 더 중요시해온 셈이다.

하지만 이제는 달라져야 한다. 세계 평균 대기 중 이산화탄소는 약 407.4ppm(1ppm은 백만 분의 일이라는 뜻이다. 예를 들어 물 1kg에 A라는 물질이 1mg 함유된 경우 A의 농도는 1ppm이 된다-옮긴이)으로, 1950년 대량으로 화석 연료를 사용하기 시작한 후 25%나 증가했다. 그 결과 지구는 여태 경험한 적 없는 고열에 시달리고 있다.

지금 우리는 탄소 문제 외에 생물 다양성 위기도 함께 겪고 있다. 농경지를 만들고 광산을 채굴하고 도시가 발전하면서 동식물의 서식지가 끊임없이 파괴되었고, 자연적인 멸종에 비해 1,000배나 빨리 동식물이 사라져가고 있다. 2020 리빙플래닛인덱스Living Planet Index에 따르면 1970년에 비해 야생 동물이 68% 감소했으며, 2000년 이후 영국 영토 8배 넓이의 자연 서식지가 사라졌다고 한다. 우리는 필요한 것보다 많이 수확하고, 나무를 베고, 물고기를 잡고, 동물을 사냥하고, 광물을 캐고, 자원을 추출했다. 세계자연기금World Wildlife Fund에 따르면 지금 우리는 지구가 감당할 수 있는 양보다 25%나 더 많은 자원을 사용하고 있다고 한다.

이전에 경험했던 기후 및 생물 다양성 변화와는 달리 지금 우리가 겪는 변화는 인간이 만든 위기다. 우리가 생물학적·화학적·물리적으로 지구에 미친 영향이 너무나 파괴적이어서 과학자들은 우리가 새로운 지질학 시대로 진입하고 있다고 믿게 되었다. 역사상 처음으로 인간에 의해 지구의 환경이 변하고 있고, 우리는 이 시대를 인류세Anthropocene(인류가 지구 기후와 생태계를 변화시킴으로써 만들어진 새로운 지질 시대를 말한다-옮긴이)라 부른다.

절망적인 상황이지만 희망은 있다. 〈네이처Nature〉의 2020년 보고서에 따르면 우리가 지금부터 올바른 습관을 실천하고 특히 식습관을 바꾸면 서식지와 삼림이 사라지지 않도록 막을 수 있고, 심지어 파괴되기 전 상태로 돌릴 수도 있다고 한다. 2020 리빙플래닛인덱스 보고서에 대해 데이비드 애튼버러David Attenborough(영국의 동물학자이자 방송인-옮긴이)는 앞으로 10년 동안 우리가 지구를 지킬 수 있다고 주장했다. 그는 BBC와의 인터뷰에서 "그러려면 식품, 에너지 생산 시스템과 해양 관리 시스템, 자원 활용 시스템을 바꿔야만 한다. 하지만 가장 먼저 관점을 바꿔야 한다. 자연을 옵션이나 '있으면 좋은 것'이 아니라 유일하고 가장 좋은 협력자로 생각해야 자연의 질서를 회복할 수 있다"고 밝혔다.

인류세 시대의 여행

/

'여러 가지 문제를 발생시키면서 세계 여행을 즐겨도 괜찮은가?'라는 의문이 들기 시작하면 여행하고 싶은 마음에 브레이크가 걸리기도 한다.

관광 인프라 때문에 야생 동물의 서식지가 훼손되고, 또 비행기가 하늘에 떠 있는 동안 엄청난 탄소가 배출된다. 전 세계 탄소 배출량의 8~12%가 관광 산업에 의해 발생한다. 패션 산업보다는 책임이 덜하지만 건설 산업보다는 책임이 크다고 볼 수 있다. 지금은 관광 산업의 위협이 크지 않아 보일지 모르지만, 코로나19가 발발하기 전 관광 산업의 성장세는 환경에 아주 위협적이었다.

중국을 비롯해 세계 여러 국가가 점점 발전하면서 여행하고 싶어하는 인구도 자연스레 많아졌다. 2019년 국제 항공편 승객은 14억 명에 다다랐는데, 이는 세계관광기구가 예상했던 시기보다 2년이나

빠른 시기였다. 전 세계 인구의 약 20%가 움직인다는 뜻이다. 세계
관광기구의 예측에 따르면 여행 수요가 점점 증가하고 있으며 이런
추세가 계속된다면 탄소 배출량을 줄이기 위해 관광 산업에서 들인
노력이 모두 물거품될 수 있다고 한다.

이런 통계를 보다 보면 지속가능한 방식으로 여행하자는 주장조
차 동의할 수 없게 된다. 직접 경험해야만 지구를 보호해야겠다는
마음이 생길까? 국제 시민 의식을 가지기 위해서 굳이 다른 나라를
방문해야만 할까? 엉망이 된 환경을 직접 봐야 기후 변화를 실감할
수 있을까? 생각해볼 가치가 있는 의문이다. 전 세계 인구 77억 명
이 환경은 뒷전인 채로 여행을 계속한다면 우리는 심각한 위기에 처
하게 될 것이다.

코로나19로 전 세계가 멈추자 사람들은 다른 방법을 찾기 시작했
다. 가까운 지역을 여행하는 사람들이 많아졌고, 거실 소파에 앉아
세상 구석구석을 둘러볼 수 있다는 것을 깨닫게 되었다. 가상 사파
리 여행에서 수풀 속을 헤집고 다니기도 하고, 온라인으로 세계적인
명화를 생생하게 감상하기도 하고, 전문가와 건축물 탐방을 하기도
하고, 해양 생물학자가 되기 위한 훈련을 받는 사람들도 있었다. 화
석 연료를 훨씬 덜 태우면서도 이 모든 것들을 해낼 수 있었고, 소
수에게만 허락된 줄 알았던 경험을 누구나 할 수 있게 되었다.

물론 전문적인 기술을 사용한다 한들 실제 경험을 대신할 수는
없을 것이다. 하지만 온라인으로 세계 각지에 접근할 수 있으면, 직
접 방문하기 전에 한 번 더 생각할 수 있다. 인류세 시대의 여행에는
의미가 있어야 한다. 결국 덜 자주, 느긋하게, 더 나은 방식으로 여

행해야 한다는 뜻이다.

  UN의 지속가능발전 17대 목표는 알아두면 유용하다. 2015년에
선포된 이 목표는 '인류와 세계의 현재 그리고 미래의 평화와 번영'
이라는 청사진을 제시한다. 국가적인 차원에서 하루빨리 실천해야
한다는 취지로 만들어졌지만, 기업과 개인에게도 적용될 수 있다.
이 목표는 평화, 환경, 빈곤 문제 해결이 서로 연결되어 있으며 인류
가 다 함께 노력해야 한다는 점을 특히 강조한다.

  조센 자이츠Jochen Zeitz가 설립한 비영리 환경보호단체 '롱런'에서
도 UN과 결이 비슷한 목표를 제시한다. 환경 보존, 지역 공동체, 문

화, 상업의 조화를 의미하는 롱런의 4C는 숙박업체가 지속가능한 방식으로 운영될 수 있도록 기준을 제시한다. 지금까지 4C를 통해 81만 헥타르의 생태계가 보존되었고 75만 명이 더 나은 삶을 살 수 있게 되었다.

롱런에서 추천하는 목적지로 여행하든 다른 곳을 찾든, 4C를 고려하며 여행하면 긍정적인 영향을 미칠 수 있다. 계획하고 있는 여행이 재정적으로 지속가능하고 환경에 해로운 영향을 덜 미치는 방식으로 생태계를 보호하며, 지역 공동체를 지지하고, 문화를 보존하는 데 도움이 되는지 자신에게 질문해보자.

지속가능한 방식으로 여행하면 자연을 돌보게 될 뿐만 아니라 고질적인 지역의 문제를 해결하는 데도 도움이 된다. 지속가능한 여행은 여행지를 발전시켜 지역 공동체에 활기를 불어넣으며, 자연경관과 야생 동물·지역 문화를 보존할 재정적인 받침이 된다. 선한 영향을 미치는 여행을 하면서 보람과 만족감을 느낄 수 있기 때문에 여행자에게도 이득이다. 여행지와 여행지의 경치, 지역 공동체를 진심으로 아끼는 마음으로 떠난 여행은 그렇지 않은 여행보다 울림이 크다. 지금껏 하던 대로 비행기를 아무런 의식 없이 습관처럼 탄다면 여행 욕구를 불러일으켰던 바로 그 경치가 파괴되고 말 것이다. 정말 그것을 바라지 않는다면 바뀌어야 한다.

델파인 말러레트 킹 '롱런' 상무이사

롱런은 환경 보존, 지역 공동체, 문화, 상업이라는 4C(Conservation, Community, Culture and Commerce) 기준을 바탕으로 운영하는 자연 친화적 여행 비즈니스들을 한데 모으는 환경 단체다.

지속가능 여행의 다음 단계는 무엇일까요?

롱런은 운영 방식과 비즈니스 전략에 지속가능성을 도입하려는 관광 업체들과 협력해왔습니다. 세계적인 관광 업체부터 작은 숙박 업소에 이르기까지 관광 산업 전반에서 지속가능 여행의 바람이 불고 있습니다. 이런 변화가 중요한 이유는 사업체를 운영하며 지속가능성을 염두에 두고, 의사 결정 과정에서 환경 보존과 지역 공동체·문화·상업적인 측면을 고려하는 것이 당연해지기 전까지 지속가능성은 성가신 옵션일 수밖에 없기 때문입니다. 혁신적인 아이디어와 긍정적인 영향도 한계가 있을 수밖에 없습니다.

이제서야 사람들은 여행해야 하는 이유와 여행 방법에 대해 깊이 생각하기 시작했습니다. '어떤 방식으로 여행해야 사람과 자연, 그리고 사람 사이가 가까워질 수 있을까?' '개인을 움직여 더 나은 사

회를 만드는 데 여행이 어떤 역할을 할 수 있을까?'와 같은 고민들을 안게 되었죠. 앞으로 여행 업계 종사자들이 각자 이러한 질문을 갖고 관광 업계에 올바른 영향을 미칠 수 있도록 이끌어가려고 합니다.

지속가능한 미래를 꿈꿀 때 가장 힘이 되는 것은 무엇인가요?

현재 전 세계가 생물 다양성 위기와 기후 위기에 눈뜨기 시작했고 사람들은 위기를 극복하기 위해 각자의 위치에서 역할을 다하고 있습니다. 소비자는 지속가능성을 염두에 두고 자연에 해로운 영향을 미치지 않는 여행 방식을 찾기 시작했고, 업계에서도 아무것도 하지 않으면 지속가능성을 이룰 수 없다는 사실을 인식하고 있죠. 주도적으로 움직이는 젊은이들을 보면 비즈니스 운영 시스템이 바뀔 수도 있다는 희망을 품게 됩니다. 우리는 아주 중요한 변화의 시작점에 서 있습니다. 불확실하고 예측 불가능한 상황을 기회로 삼아 틀에서 벗어난 창의성을 발휘할 수 있게 되면 좋겠습니다.

지속가능 여행을 하려는 사람들에게 하고 싶은 조언이 있나요?

롱런이 목표로 하고 있는 4C를 바탕으로 여행이 긍정적인 영향을 미치는지 판단해야 합니다. 문화와 지역 공동체, 상업에 활기를 불어넣을 수 있을지 생각해보고, 가능하다면 덜 자주, 더 느긋하고 조심스럽게 의미 있는 여행을 하길 바랍니다. 탄소와 사회적 발자국을 생각한다면, 덜 여행해야 앞으로 더 많이 누릴 수 있다는 것을 기억해야 합니다. 마지막으로, 삼림 또는 멸종 위기종을 보호하거나, 교류를 통해 다른 문화를 이해하고 포용력을 기를 수 있는 경험을 찾아보기를 권합니다.

2
여행자가 알아야 하는
'탄소 위기'
___

지속가능한 여행을 하려면 기후 위기를 멈춰야 하고, 그러려면 탄소 배출량을 줄여야 한다. 대기 온도를 높이고 지구의 숨통을 조르는 탄소는 세상을 효율적이고 편안하게 만들어주는 여러 제품들과 전력을 생산하는 과정에서 화석 연료를 태울 때 발생한다.

기후 변화에 관한 정부 간 협의체 IPCC에 따르면 지구가 받아들일 수 있는 온도 상승 한도는 $1.5°C$라고 한다. 온도를 이보다 낮은 수준으로 유지해야 지구와 생명체에 절망적인 영향을 덜 끼칠 수 있다. 북극과 같은 장소에서는 이미 기온이 $1.5°C$보다 더 상승했지만, 아직 다른 지역은 약간 여유가 있다. 화석 연료로 인한 지구 온난화가 지역마다 다른 영향을 미치기 때문이다.

전 세계가 기후 상승 한도를 진지하게 받아들이지 않으면 나쁜 상황은 곧 최악의 상황으로 치닫게 될 것이다. 앞으로 100년 동안 지구의 온도가 $3°C$ 상승하면 해수면은 1m 상승하고, 저지대 해안에 사는 6억 8,000만 명과 섬에 사는 6,500만 명은 갈 곳을 잃게 될 것이다. 그나마도 화재나 극단적인 날씨, 가뭄 등은 빼고 계산한 결과다.

빠르면 2030년까지 $1.5°C$ 한도에 닿을 수도 있다고 한다. 이러한 추세가 계속되지 않으려면 그전까지 탄소 배출량을 반으로 줄여야 한다.

그래서 이 모든 게 여행과 무슨 상관이 있냐고 묻고 싶은 사람이 있을 것이다. 우리가 소비하는 모든 것들은 탄소를 배출하고, 여행 계획도 마찬가지라는 사실을 기억하자.

여행이 환경에 미치는 영향

어떻게 여행하는지에 따라 탄소 발자국은 크게 달라진다. 스웨덴의 룬드 대학교에서 발표한 2017년 보고서에 따르면 호주로 왕복 여행을 한 번 하는 동안 탄소 4톤이 배출된다고 한다. 이는 일 년 동안 재활용을 열심히 해서 아낄 수 있는 탄소량의 20배이며 세계자원연구소WRI가 규정한 1인당 연간 탄소 허용치 2.5톤을 가볍게 뛰어넘는 수치다.

2018년 발표된 네이처 자연기후변화Nature Climate Change, Lenzen et al. 연구를 보면 더 확실히 알 수 있다. 이 보고서는 탄소 배출량이 폭발적으로 증가하는 데 여행 산업의 성장이 제조, 건설, 서비스 산업의 성장보다 훨씬 큰 영향을 미쳤다고 주장한다. 관광 산업은 전 세계 일자리 10개 중 1개를 제공하고 전 세계 GDP의 10%를 책임지지만, 탄소 문제만 놓고 보면 여행 산업은 경제적 가치를 창출할 때 가

장 덜 효과적인 방법이다.

따라서 지속가능한 여행을 하려면 모든 단계에서 탄소를 염두에 두어야 한다. 이런 논의를 할 때면 가장 문제가 되는 것은 비행기 여행이다. 물론 비행은 개인이 할 수 있는 일 중, 아이를 낳는 것 다음으로 가장 환경을 오염시키지만, 부득이하게 비행기를 탔더라도 탄소 줄이기를 완전히 포기할 필요는 없다.

리스펀서블 트래블Responsible Travel의 2020년 탄소 발자국 연구 보고서에 따르면 휴가 기간 동안 노력해서 탄소를 덜 배출하면 하루 평균 탄소 배출량을 지속가능한 수준으로 유지할 수 있다고 한다. 이 보고서는 음식, 이동 수단, 숙소를 선택할 때 기후 위기를 고려하면 휴가철 탄소 배출량을 지속가능한 수준의 하루 평균 배출량인 $10kg$ CO_2-e 수준으로 유지할 수 있다고 주장한다. 이 수치는 현재 영국인 1명의 하루 평균 배출량인 $20kg$ CO_2-e의 거의 절반 수준이다.

숨통이 트이는 소식이다. 훌쩍 떠나고 싶은 마음이 들 때 우선 죄책감이 든다면, 그 대신 탄소 배출량을 적게 유지할 수 있도록 계획을 세워보자. 이렇게 하면 여행을 다니면서도 집에 있을 때보다도 탄소 발자국을 적게 유지할 수 있다. 환경에 끼치는 영향을 최소화하려면 에너지를 절약하는 숙소에 머무르고, 채식 위주의 식사를 하고, 대중교통을 이용하도록 계획을 세우면 된다. 앞으로 구체적인 방법에 대해 알아보자.

탄소 발자국 줄이기

여행하면서 탄소 발자국을 줄이는 방법은 다양하다. 모든 방법을 실천할 수는 없지만, 아무것도 하지 않는 것보다는 하나라도 실천하는 것이 낫다. 시간 여유가 있다면 천천히 여행하면 좋고, 그렇지 않다면 기후 친화적인 식단이나 친환경 숙소를 고려해보자. 다음은 여행하면서 탄소를 최대한 적게 배출하는 방법들이다.

항공편 덜 이용하기

지난해 스웨덴에 갈 때 이지젯EasyJet 항공을 이용했는데, 나는 사실 '이지'하게 마음을 놓을 수가 없었다. 이륙하자마자 뺨을 타고 눈물이 흐르기 시작했고, 평소 같았으면 감탄을 연발했을 맑은 하늘 아래 반짝이는 템스강의 풍경을 보아도 기분이 나아지지 않았다.

예테보리에 도착했을 때 나는 온통 신경이 곤두서 있었다. 환경을 걱정하는 마음이 신체 반응으로 나타난 것은 처음이었다.

탄소와 여행에 관해 이야기하려면 항공 산업이라는 민감한 문제도 함께 다룰 수밖에 없다. 항공 산업은 일 년 동안 독일 사람 전체가 배출하는 것보다 더 많은 양의 탄소를 배출한다. 2019년 '유럽에서 가장 친환경적인 항공사' 캠페인을 시작하기까지 했던 라이언에어Ryanair는 사실 유럽에서 아홉 번째로 큰 환경오염의 원인으로 밝혀졌다(지금은 규제를 받아 중단되었다). 라이언에어보다 높은 순위를 차지한 오염원은 탄광뿐이었다.

항공 산업이 정부로부터 엄청나게 보조를 받는 것도 문제다. 리스펀서블 트래블의 그린플라잉듀티Green Flying Duty 캠페인에 따르면 자동차 연료와는 달리 국제선 항공기 연료에는 세금과 부가가치세가

면제되는데, 그 덕분에 항공사들은 세금을 매겼을 때보다 4분의 1 저렴하게 항공권을 판매할 수 있다고 한다. 이 말은 비행기를 타지 않는 전 세계 사람들 대다수가 항공기 운항에 돈을 보탠다는 의미이기도 하다.

항공 산업에서 배출하는 탄소량은 세계 탄소 배출량의 단 2.5%를 차지할 뿐이지만, 문제는 성장 속도다. 항공기를 이용하는 사람들은 세계 인구의 5% 남짓인데, 지난 5년 동안 항공 산업과 관련된 탄소 배출량은 32%나 증가했으며, 화석 연료 사용량으로 따지면 승용차와 어깨를 나란히 하고 있을 정도다. 기후 전문가들은 비행기가 높은 고도로 날 때 배출하는 질소 산화물과 같은 독성 가스 때문에 부정적인 영향이 몇 배가 된다는 데도 동의한다.

항공 및 우주 산업체는 이런 문제를 인식하고 개선하기 위해 노력하고 있다. 제트 연료보다 친환경적인 바이오 연료가 이미 사용 중이고, 전기로 움직이는 비행기도 상용될 조짐이 보인다. 하지만 죽어가는 지구를 되살릴 정도로 탄소 배출량을 빠르게 줄이기에는 한참 부족하다.

국제에너지기구International Energy Agency는 '2018년에 바이오 항공 연료 1,500만 리터가 생산됐는데, 이는 소비된 전체 항공 연료의 0.1% 미만'이라고 밝혔다. 근거리 및 중거리용 전기 비행기 또는 전기 및 화석 연료 겸용 비행기가 앞으로 30년 안에 상용될 예정이며, 그린플라잉듀티 캠페인은 이러한 발전을 재정적으로 지원할 예정이다.

하지만 아직까지는 비행하는 동안 짙고 긴 탄소 발자국을 남길 수밖에 없다. 런던과 뉴욕을 왕복으로 오가는 비행기를 한 번 타면 아

프리카 대륙에 사는 사람 한 명이 일 년 내내 배출하는 것보다 탄소를 더 많이 배출하게 된다. 정말로 탄소 배출량을 줄이고 싶다면 비행기를 적게 타는 수밖에 없다.

다른 교통수단 이용하기

비행기를 타지 않는다고 모험과 휴식을 포기해야 하는 것은 아니다. 오히려 반대다. 여행하는 동안 천천히 이동하기로 마음먹고 기차나 배, 자전거를 이용하면 완전히 새로운 시각으로 세상을 볼 수 있을 것이다. 3장 '지속가능 여행 계획하기' 부분에서 더 자세히 알아보자.

요즘은 이런 식으로 여행하기가 어느 때보다 쉬워졌다. 이제까지 여행 산업은 비행기에 의존해왔지만, 시대가 변하고 있다. 비행기를 타지 않는 여행 상품을 판매하는 여행사가 있는가 하면 각국 정부에서는 환경에 부담이 덜한 버스, 기차, 여객선 인프라를 위해 투자하고 있다. 네덜란드의 KLM 항공사는 국내선 비행편 중 특정 구간

을 고속 열차 연결편으로 교체하기도 했다.

여행 방법 중 가장 덜 친환경적인 방법은 두말할 필요 없이 비행기를 타고 이동하는 여행이지만, 다른 이동 수단들은 누가 더 친환경적이라고 꼬집어 말하기 힘들다.

기차, 여객선, 버스나 자동차가 얼마나 친환경적인지는 사람들을 얼마나 많이 실어 나르느냐와 어떤 연료로 동력을 얻느냐에 달려 있다. 예를 들어 런던과 파리를 잇는 고속철도인 유로스타는 다른 열차편보다 탄소를 훨씬 덜 배출하는데, 프랑스와 영국에서 사용하는 전기의 50% 이상이 재생 가능한 에너지원으로부터 얻는 것이기 때문이다.

무조건 걸어다닐 게 아니라면 완벽한 해결책은 없다. 다만 정보가 있으면 결정을 내릴 때 도움이 될 것이다. 이에 대해 분명하게 이해할 수 있도록 통계 몇 개를 준비했다.

- 미국의 비영리 단체 참여과학자모임Union of Concerned Scientists에 따르면 1여객마일(승객 1인 1마일 수송 원가, 1마일은 약 1.61km−옮긴이)당 버스는 0.08kg, 기차는 0.19kg, 자동차는 0.53kg, 비행기는 0.83kg의 탄소를 배출한다고 한다.

- 런던에서 파리까지 유로스타를 타면 같은 거리를 비행기로 이동할 때보다 탄소 배출량을 90% 줄일 수 있다. 전기기관차는 디젤 기관차보다 20~30% 적은 탄소 발자국을 남긴다.

- 디젤 자동차와 비행기의 마일당 배출량은 별 차이가 없다. 하지만 자동차에 4명 이상이 탄다면 1인당 탄소 배출량은 비행기를 탈 때의 3분의 1 수준으로 줄어든다. 온난화 효과가 증가하고 상공에서 다른 오염 물질들이 배출된다는 점을 생각하면 자동차를 타는 쪽이 낫다.

- 자동차의 편리함을 즐기면서 탄소를 덜 배출하려면 전기로 움직이는 교통수단을 이용하자. 어떤 나라에서는 전기차를 빌리는 것이 실용적일 수 있다. 암스테르담은 전기차 충전소가 가장 촘촘하게 배치된 나라이며 노르웨이는 전기차를 가장 많이 이용하는 나라다.

- 페리 회사가 탄소 배출량에 관해 자체적으로 내놓은 통계가 미덥지 않을 수도 있다. 하지만 영국 정부가 시행한 조사에서도 페리는 비행기보다 승객당 3분의 1 적은 탄소를 배출하는 것으로 밝혀졌다.

- 정말 친환경적인 여행을 하려면 직접 땀 흘려 움직이는 탈것을 이용하자. 배나 자전거를 직접 몰거나 걸어도 좋고, 카약, 패들

보드를 타도 좋다. 연료를 한 방울도 사용하지 않는, 다른 멋진 방법들도 많이 있다.

더 오래 여행하기

짧은 여행을 여러 번 하는 것보다 한 장소에서 오래 머물러야 탄소를 줄이며 효율적으로 여행할 수 있다. 짧게 여행할 생각이라면 비행기가 아닌 다른 교통수단을 이용해보자.

리스펀서블 트래블의 〈2020년 탄소 발자국 보고서〉에 따르면 여행 기간이 늘어날수록 음식, 숙소 같은 탄소 배출원과 이동 수단이 배출하는 1일 탄소 배출량의 차이가 줄어든다고 한다. 오래 여행할수록 1일 탄소 배출량을 줄일 수 있다는 뜻이다.

장기 여행 문화를 정착시키기 위해 앞장서고 있는 네덜란드의 여행사 베러플레이스Better places는 여행 기간이 최소 17일 이상인 여행 상품을 판매한다. 또 목적지 내에서도 이동을 줄이기 위해 8개였던 방문지를 5개로 줄이기도 했다.

더 나은 방법으로 비행하기

꼭 비행해야 한다면 탄소 배출량을 줄이는 방법을 참고해보자.

- 이착륙할 때 탄소가 가장 많이 배출되므로 최대한 덜 경유한다.
- 비행시간이 짧으면 마일당 탄소 배출량이 늘어난다. 주말에 잠

시 여행을 다녀오고 싶더라도 다시 생각해보자.

- 여행 기간이 넉넉할 때는 비행기로 여러 나라나 대륙을 돌아다니는 여행은 자제하고, 비행기가 아닌 다른 교통수단을 이용하자.

- 비행기는 하늘을 나는 동안 수증기를 내뿜어 빙운 또는 '비행운'을 만든다. 비행운은 지구의 열을 가둬 온도를 높이는데, 일반적인 구름보다 2.7배나 더 영향을 끼친다고 알려져 있다. 반사할 태양광이 없는 상태에서 지구의 열을 가두는 역할만 하게 되는 밤에는 비행운의 영향이 두 배가 된다. 그러므로 최대한 낮 비행기를 이용한다.

- 이코노미 좌석을 이용하자. 널찍한 비즈니스석이나 일등석에 앉아 호사를 누리는 동안 1인당 탄소 배출량은 4배가 된다.

- 탄소 상쇄(탄소 배출량은 줄이지 않고 삼림 조성과 같이 대기 중 탄소를 흡수할 수 있는 사업을 통해 순 탄소 배출량을 줄이는 방식-옮긴이)가 아니라 실제로 탄소 배출량을 줄이기 위해 노력하는 탄소 효율적인 항공사를 선택하자(57쪽 참조). 또, 깨끗한 연료와 친환경 기술에 투자하자. 최근에 만들어진 항공기일수록 효율적이다. 이를 염두에 두고 비행편을 예약하면 좋다.

- 항공사별로 얼마나 탄소 배출을 하는지 직접 조사하려면 너무 번거로울 것이다. 그러니 대신 이미 잘 정리된 자료를 활용해보자. 독일의 탄소 자문 업체인 앳모스페어Atmosfair는 항공사의 연간 탄소 배출량을 바탕으로 순위를 매긴다. 최근 보고서에 따르면 가장 효율적인 항공기 모델은 보잉 787-9, 에어버스 A350-

900, A320neo이며 효율적인 항공사는 TUI 에어웨이스 및 TUIfly, 콘도르 항공, 라탐항공, 에어유로파, KLM이다. 앳모스페어의 온라인 탄소 배출량 계산기를 사용해 비행과 여행 일정에 따른 탄소 배출량을 계산할 수도 있다.

교통수단 이외의 탄소

최근 몇 년간 '플라이스캄flyskam(스웨덴어로 '비행기를 타는 것은 수치'라는 뜻)'에는 꽤 주목하게 되었지만, 정작 여행지에서도 계속 탄소를 줄이기 위해 노력해야 한다는 사실은 잊곤 한다. 비행기 이동이 탄소를 가장 많이 배출하기는 하지만 숙소나 음식, 관광지에서의 이동 수단도 상당한 영향을 끼친다.

좋은 소식은 여행지에서 탄소 발자국 줄이기가 어렵지 않다는 것이다. 물건들 역시 탄소 발자국을 남기는데 휴가지로 음식과 인테리어·건설 자재 같은 상품들이 많이 운반될수록 탄소 발자국도 짙어진다. 이 말은 여행지에서 현지인처럼 생활할수록 탄소를 줄일 수 있다는 뜻이고, 환경을 위해서는 지역에서 나는 자재로 지어진 숙소에서 묵고 지역 제철 음식을 즐겨야 한다는 것을 의미한다.

___

저스틴 프랜시스 리스펀서블 트래블 CEO

리스펀서블 트래블RESPONSIBLE TRAVEL은 여행 산업 전반을 친환경적으로 변화시키기 위해 활동하는 관광 기업으로, 지속가능 여행 전문 여행사 400여 개와 여행자를 연결한다.

지속가능 여행의 다음 단계는 무엇일까요?

여행 산업이 선한 영향력을 발휘하려면 기후 위기, 생물 다양성 위기, 빈곤 문제라는 전 세계적 도전 과제를 먼저 해결하기 위해 노력해야 할 것입니다. 우리는 위기의 시대에 살고 있고 다른 데 한눈 팔 여유가 없습니다. 특히 2030년까지는 다음과 같은 3가지 문제에 집중해야 합니다. 지구 평균 기온이 산업화 이전의 기온 수준보다 1.5°C 이상 높아지지 않도록 앞으로 10년간 30% 덜 여행하고, 모든 산업 분야에서 생물 다양성에 긍정적인 영향을 미칠 수 있도록 노력하며 빈곤 퇴치를 위해 UN의 지속가능발전목표를 따라야 합니다.

지속가능한 미래를 꿈꿀 때 가장 힘이 되는 것은 무엇인가요?

우선 항공기를 운항하는 데 일정한 세금을 매겨야 한다고 생각하는 사람들이 점점 많아지고 있습니다. 자동차 연료와 마찬가지로 항공 연료에 세금이 매겨지면 항공 요금이 지금보다 4배 가까이 비싸집니다. 같은 맥락으로 비행기를 자주 이용하는 승객에게 특별세를 부과하자는 주장도 점점 힘을 싣고 있습니다. 또한 '지역 사회에 의한 여행'을 내세우며 기존 관광 산업 구조에 맞서고, 자체적으로 규제를 강화하는 지역이 늘고 있습니다. 마지막으로, 지난 30년간 생물 다양성과 불평등을 바로잡기 위해 소규모 여행사들이 주도했던 선구적인 활동들을 대형 여행사에서 받아들이기 시작했다는 점도 희망적입니다.

지속가능 여행을 하려는 사람들에게 하고 싶은 조언이 있나요?

어떻게 하면 긍정적인 영향을 끼칠 수 있을지 고민해보세요. 휴일 동안 여행지의 지역 공동체를 발전시키거나 야생 동물, 서식지, 문화유산을 보호할 수 있는 방법을 찾아보세요. 그리고 그 경험을 즐기세요. 진한 여운이 남는 여행이 될 것입니다. 현지인이 여행 산업이나 여행객을 환영하는 마음으로 받아들일 수 있어야 여행객도 진짜 여행을 할 수 있습니다.

잠시 멈춰 생각하기: 탄소 중립

사람들이 기후 위기에 관심을 가지기 시작하면서 탄소 중립적인 세계 여행부터 탄소 포지티브 호텔까지 탄소 배출을 줄이며 여행하는 다양한 방법들이 소개되었다. 하와이 정부는 탄소 중립 지역을 선언했으며 스웨덴의 버거 프랜차이즈인 맥스 버거Max Burger는 세계에서 가장 기후 포지티브 방식으로 생산된 버거를 판매하기 시작했다. 수많은 제안 중에서 정말 효력이 있는 방법과 환경을 생각하는 척만 하는 방법을 가려내기란 쉽지 않다.

'탄소 중립'은 공기 중으로 배출되는 탄소량이 결과적으로 0인 활동이나 상품을 의미한다. '기후 포지티브'는 한걸음 더 나아가 공기 중의 탄소를 제거하여 환경을 이롭게 한다는 의미이다. '탄소 네거티브' 또는 '탄소 포지티브'로 불리기도 한다.

이러한 용어와 주장을 꼼꼼하게 살펴보자. 여행, 호텔 또는 항공사가 배출한 탄소 상쇄 방식으로 탄소 중립을 달성했다면 근본적인 문제를 해결했다고 할 수 없다. 개개인의 습관이나 교통수단, 식단, 제품 등을 바꿔 절대적인 탄소 배출량을 줄이는 것이 먼저다.

숙소

친환경 숙소에서 머물면 전체 탄소 발자국을 줄이는 데 도움이 된다. 또 숙박업소들이 친환경 정책을 적극적으로 펼치도록 설득할 수도 있다. 재생 에너지를 사용하고, 확실한 에너지 절약 방침을 따르고, 지역에서 나는 자원을 활용하는 소규모 숙소를 알아보자. 리스펀서블 브래블에 따르면 4성급 호텔은 소규모 실속형 숙소보다 탄소를 4배나 더 배출한다고 한다. 대형 호텔 체인을 고집하는 대신 아이스케이프Iescape, 화이트라인호텔White Line Hotels, 에코비앤비Ecobnb와 같은 웹 사이트에 소개된 가족 경영 숙소를 알아보아도 좋다.

건물을 새로 짓는 대신 다른 용도로 쓰이던 건물을 개조해 운영하는 숙소를 찾아보자. 전 세계 탄소 발자국의 약 20~30%는 건물을 지을 때 발생한다. 여기에서 호텔이 차지하는 몫은 많지 않지만, 호텔은 다른 건물들보다 훨씬 자원을 많이 소비한다. 보통 24시간 운영되며 숙박객은 보통 전기와 물을 아끼지 않고 사용한다. 또 건물 안에서 여러 가지 활동을 할 수 있도록 다양한 공간을 갖추고 있다. 전 세계의 대형 호텔 체인과 협력하는 국제 여행 파트너십 International Tourism Partnership의 2017년 조사에 따르면 기후 위기를 극복하기 위해서는 호텔 산업에서 탄소의 절대 배출량을 90% 줄여야 한다고 한다. 그러나 정작 현실에서는 내로라하는 글로벌 호텔 체인들이 매일 새로운 건물을 올리고 있다.

음식과 음료

옥스퍼드 대학의 연구에 따르면 전 세계 탄소 배출량의 25%가 음식 때문에 발생한다고 한다. 그중 58%는 육류를 생산하면서 발생하고 그중 50%는 소고기와 양고기를 생산할 때 발생한다. IPCC(기후

변화와 관련된 전 지구적 위험을 평가하고 국제적 대책을 마련하기 위해 설립된 유엔 산하 국제 협의체-옮긴이)는 육류와 유제품을 덜 먹으면 음식 때문에 발생하는 탄소 배출량을 3분의 2로 줄일 수 있기 때문에 채식 위주의 식단이 기후 변화를 해결하는 데 도움이 된다고 주장한다. 다른 전문가들 역시 육류와 유제품을 줄이고 지역에서 생산되는 유기농 제철 재료로 만든 '식물 친화적'인 식단을 따르라고 조언한다.

어떤 식단을 따르든, 친환경 여행자가 되고 싶다면 음식이 어디에서 어떻게 생산되는지 알아두자. 삼림을 파괴해 만든 농장에서 도축용 소를 기르면 방목하여 기를 때보다 온실가스가 12배나 더 많이 배출된다고 한다.

리스펀서블 트래블의 〈2020년 휴가철 탄소 발자국 보고서〉에서는 휴가 방식에 따라 발생하는 음식 탄소 발자국 차이를 비교하기 위해 채식 위주로 제한된 식단을 섭취하는 사람과 음식이 골고루 혼합된 메뉴를 섭취하는 사람의 탄소 배출량을 조사했다. 정확한 비교는 아닐 수 있지만, 혼합 메뉴를 섭취한 사람은 하루에 탄소 11kg CO_2-e를, 채식 식단을 섭취한 사람은 3kg CO_2-e를 배출했다.

리스펀서블 트래블의 창립자이자 CEO인 저스틴 프랜시스는 "음식은 휴가철 탄소 배출량에 가장 영향을 많이 미친다. 2050년까지 넷 제로Net Zero(탄소 중립; 실질적으로 배출되는 탄소의 양이 0인 상태-옮긴이)를 달성하려면 비행기를 덜 타고 식습관을 바꿔야 한다"고 주장한다.

변화 지지하기

여행 산업이 기후 위기에 눈뜨면서, 환경을 위해 행동하는 사람들이 많아지고 있다.

그중에서도 주목할 만한 이니셔티브는 '관광 산업의 기후 비상 선언Tourism Declares A Climate Emergency'이다. IPCC의 조언에 따라 기후 변화 대응 계획을 세우려는 관광 기업들이 주도하는 이니셔티브로, 모험 전문 여행사인 '머치 베터 어드벤처Much Better Adventures'와 지속가능 여행 전문가인 제레미 스미스Jeremy Smith에 의해 시작되었다. 초창기부터 소속되어 있던 기업 중에는 인트레피드 트래블Intrepid Travel, 엑소더스 트래블Exodus Travels 및 익스플로러Explore처럼 잘 알려진 업체도 있으며, 소속된 기업은 모두 친환경 저탄소 여행을 실현하기 위해 노력하고 있다.

기후 위기 관련 캠페인을 지지해도 변화를 만드는 데 도움이 된다. 리스펀서블 트래블은 '전기 비행기를 연구 및 개발하고 철도 연결성을 개선하기 위한 [영국 APD(영국에서 맨섬Man Island까지 가는 승객에게 부과하는 세금-옮긴이)의 수정 버전] 비행세'를 지지하는 '그린 트래블 듀티' 계획을 제안했다.

비행을 당장 포기할 수 있다면, 플라이트 프리 UK_{Flight Free UK} 또는 플라이트 프리 USA 같은 비행기를 타지 말자는 운동이나 캠페인에 가입해보자.

생물 다양성 위기와 기후 위기는 서로 복잡하게 얽혀 있다. 탄소를 줄이려면 삼림, 늪지, 거머리말, 산호, 맹그로브와 다른 생물들을 보호하는 운동을 지지해 천연 이산화탄소 흡수체_{carbon sink}(이산화탄소를 흡수하여 지구 온난화를 줄이는 데 도움이 되는 넓은 삼림 지대)를 보존해야 한다.

탄소 상쇄에 관해 다시 생각해보기

누구나 문제를 빨리 해결할 수 있는 방법을 찾고 싶어 한다. 덕분에 상쇄 산업은 인기를 끌고 있다. 탄소 상쇄는 탄소 배출량을 계산해 그에 맞는 탄소 '크레딧'을 구매하고, 배출한 탄소량에서 크레딧만큼을 빼 전체 탄소 배출량을 줄인다는 의미다. 이론적으로는 이 크레딧이 재생 기술 또는 보존 활동과 같은 사업에 투자되어 대기 중 탄소를 흡수한다. 말레이시아 가정에 친환경 가스레인지를 제공해 탄소를 상쇄하거나, 스코틀랜드에 나무를 심고 케냐의 숲을 재건해 코끼리 보호 사업을 지원하는 방식으로 탄소를 상쇄할 수도 있다.

이 방법은 직접 행동할 필요가 없어 배출된 탄소를 처리하는 가장 쉬운 방법으로 여겨진다. 탄소 상쇄 산업이 1년에 거두는 수입은 5억 달러에 달한다. 이론은 그럴듯하지만 우려되는 부분이 한둘이 아니다. 우선, 이 산업은 제대로 규제가 되고 있지 않다. 2017년 유

럽연합 집행기관의 보고서에 따르면 탄소 상쇄 사업을 맡은 업체의 85%가 제대로 계획을 진행하지 않는다고 한다. 탄소 배출량 계산법과 해결책도 가지각색이다.

두 번째로 탄소 상쇄는 사람들이 습관을 바꾸지 못하도록 만든다. 근본적인 문제는 해결하지 않고 죄책감만 덜어주는 식이다. 개인적인 차원에서 보면 탄소 상쇄에 의지하는 습관이 걱정되는 정도이지만 기업 차원에서 보면 문제는 훨씬 더 커진다. 예를 들면 런던 히스로 공항 같은 곳이 26만 5,000대를 수용할 수 있는 세 번째 활주로를 건설하면서 대외적으로는 2030년까지 '탄소 중립'을 실현할 계획이라고 광고할 수 있게 된다.

지속가능 여행 전문가 대부분은 줄일 수 있는 만큼 탄소 발자국을 줄인 다음, 남은 양을 상쇄하라고 권한다. 탄소 상쇄 사업을 알아볼 때는 골드 스탠다드Gold Standard 인증이 있거나 다른 탄소 배출 인증을 제공하는 사업을 찾아보자. 프로젝트가 얼마나 오래갈 수 있는지, 지역 공동체가 필요로 하는 부분을 고려하는지, 독립적으로 인증을 받았는지도 따져봐야 한다. 기존의 숲을 보호하고 지역 공동체를 지지하면서 친환경 기술에 투자하는 프로젝트를 찾아보자. 나무는 오래될수록 탄소를 더 많이 흡수하기 때문에 기존 숲을 보호하는 쪽이 새 나무를 심는 것보다 영향력이 크다. 쿨 어스Cool Earth, 월드 랜드 트러스트World Land Trust, 포레스트 위드아웃 프론티어Forests Without Frontiers, 트리시스터즈TreeSisters 같은 프로젝트가 이런 지침을 따른다. 앳모스페어(47쪽 참조)는 가장 활발한 탄소 측정 및 상쇄 프로젝트로 잘 알려져 있다.

3
지속가능 여행
계획하기
—

지속가능한 여행을 계획하려면 고려할 게 많아 골치가 아플 것 같지만, 아무것도 하지 않는 것보다는 몇 가지라도 해보는 게 낫다. 여행하면서 완벽하게 탄소를 배출하지 않을 방법은 없고 어떻게 여행하든 우리는 지구에 영향을 미치게 되어 있다. 1년에 한 번 비행기를 타려고 채식을 할 수도 있고, 고기가 너무 좋다면 비행을 포기할 수도 있다. 부정적인 영향을 끼쳤던 행동들을 점차 줄이고 긍정적인 영향을 미칠 습관을 우선순위에 두면 된다.

실용적인 정보를 파악하고 있으면 어떤 여행 방식이 환경에 도움이 되며 지속가능한지 알아볼 때 자신의 직관과 감을 믿을 수 있게 된다. 지속가능한 여행일수록 큰 울림을 준다는 사실을 깨닫게 될 것이다. 이 장에서는 어디에 어떻게 가서 어떤 숙소에 머무르고 무엇을 하는 것이 좋은지, 지속가능한 여행을 계획할 때 알아두면 좋을 정보들을 소개한다.

어디로 갈까

/

세계는 점점 가까워지고 있다. 단돈 50파운드면 내가 사는 런던에서 내일 당장 지중해로 날아갈 수도 있고, 돈을 조금 보태면 대서양을 가로질러 뉴욕으로 날아갈 수도 있다. 숙소도 부담되지 않는다. 에어비앤비같은 웹사이트에서 하룻밤에 30파운드짜리 방을 빌릴 수도 있고 셀 수 없이 많은 호텔 예약 웹사이트에서 특가로 판매되는 숙소를 찾을 수도 있다. 여행지에서 무엇을 할 것인지 세부 계획을 세우는 것도 전혀 어렵지 않다. 전화기, 노트북, 와이파이만 있으면 자유롭게 어디든 갈 수 있다.

여러 측면에서 이러한 자유는 반길 만하다. 한때 관광은 돈 많은 엘리트를 위한 사치로 여겨졌지만, 지금은 저가 항공사와 값싼 숙소 덕분에 누구나 비교적 공평하게 즐길 수 있게 되었다. 이렇게 된 데는 기술도 한몫을 톡톡히 했다. 직장 문화가 유연해지고 세계가 연

결되면서 일정을 짤 때도 머리를 쥐어짤 필요가 없게 되었다. 세계는 지금 그 어느 때보다도 가깝게 연결되어 있으며 우리는 관광객, 출장객, 자유로운 영혼을 가진 노마드족, 세계 시민으로서 우리에게 주어진 자유에 대해 책임을 져야 한다.

문제는 폭발적으로 증가하는 관광 산업의 규모다. 세계관광기구에서는 2030년이면 해외 여행객 수가 18억 명에 다다를 것으로 예측한다. 세계 여행 시장에서 가장 크게 수요가 높아지고 있는 동남아시아 지역의 베트남 같은 여행지에서는 매년 관광객이 30%씩 늘고 있다고 한다. 이러한 성장 덕분에 일자리가 생기기도 하고 야생동물을 보호할 자금이 생기기도 하며, 관광업이 세계 경제 시장의 10%를 차지하는 산업이 될 수 있었지만, 여기에는 따르는 대가가 있다. 이번 장에서는 다음 목적지를 정하기 전에 고려해야 할 몇 가지를 소개하려고 한다.

과잉관광의 문제점

과잉관광은 환경과 지역사회에 부담을 주는 관광을 말한다. '과잉관광'은 옥스퍼드 영어사전이 선정하는 2018년 '올해의 단어' 최종 후보에 오르기도 했다. 이전에는 두 팔 벌려 관광객들을 반기던 여행지들도 이제는 경제적인 이익과 부정적인 영향을 저울질하게 되었다.

바르셀로나가 좋은 예시다. 바르셀로나 여기저기에서 스프레이로 '관광객 나가라' 또는 '관광객, 당신에게는 황홀한 여행이 나에겐 끔찍한 일상이다' 같은 문구가 낙서된 벽을 볼 수 있다. 스페인에서 인기 있는 관광지를 찾은 관광객들에게 이런 풍경은 그다지 반갑지 않다. 한 해 동안 바르셀로나를 방문하는 관광객 수가 실제 바르셀로나에 거주하는 인구의 20배인 3,200만 명에 달한다고 하니 지역 주민들이 관광객에 질리는 것도 충분히 이해가 간다.

2018년 비영리 단체인 트래블 파운데이션Travel Foundation은 '관광객이 지우는 보이지 않는 부담'과 여행 산업 차원에서 이런 부담을 해소하는 방법을 발표했다. 이 보고서는 물밀 듯 밀려오는 관광객 때문에 지역 주민과 야생 동물의 삶이 방해받는 문제 외에 보이지 않는 문제에도 주목한다. 보고서에 따르면 하수 시설, 에너지, 수자원과 같은 공공 서비스에 부담이 생기고 부동산 임대료가 오르는가 하면 지역에서 제공하는 편의시설의 유형이 변하고 있다고 한다.

매년 관광객 2,400만 명이 그러지 않아도 침수 위험으로 위태로운 이탈리아의 수상 도시 베네치아로 몰려든다. 그중 절반은 당일치기 여행객들로 지역 경제에도 큰 도움이 못 된다. 15만 명이 거주할 수 있도록 건설된 도시에 현재 남아 있는 주민은 5,300명뿐이다. 에어비앤비와 같은 사이트에 휴가철 숙소로 내놓은 방들 때문에 임대료가 전반적으로 너무 비싸지면서 현지인들이 뿌리를 내리고 살기 불가능한 도시가 되었다. 위아베니스We Are Venice 캠페인의 공동 창시자인 제인 다 모스토Jane da Mosto는 최근 CNN과의 인터뷰에서 "거주민들은 어려움에 처해 있고, 시민으로서의 권리마저 빼앗긴 듯한 느낌이 들기 시작했다"고 말하기도 했다.

변화가 천천히 나타나는 지역들도 있다. 크루즈 관광객이 몰려들기 시작한 두브로니크에서는 이발소, 레스토랑, 정육점, 친환경 식

지속가능한 여행을 하고 있습니다

료품점과 같은 지역 편의시설들이 기념품 가게로 바뀌기 시작했다. 호주의 퀸즐랜드주의 식당들은 지역 주민보다는 언제든 돈을 쓸 준비가 되어 있는 관광객을 겨냥해 운영 방식을 바꾸고 있다.

마을과 도시 밖에서도 이런 문제가 생긴다. 2018년 산악인 니르말 푸르자Nirmal 'Nims' Purja는 에베레스트에서 험준하기로 유명한 힐러리스텝의 사진을 찍었는데, 이 사진은 세계에서 가장 높은 산을 오르는 일일 등반객 수를 제한해야 할지 돌아보도록 만들었다. 페루에서는 유네스코 문화유산인 마추픽추에 하루 5,000명까지 관광객을 실어 나를 수 있는 새 공항을 짓자는 제안이 나왔는데, 세계 각지에서 반대 운동이 일기도 했다.

2018년 4월 필리핀 대통령은 필리핀에서 가장 유명한 휴양지인 보라카이 섬을 '냄새나는 오물통'에 비유하며 폐쇄했고, 6개월 뒤 간단한 보수를 뛰어넘은 대대적인 재정비를 마친 후 재개장했다. 환

경 규제를 따르지 않던 호텔들은 문을 닫았고, 수상 레포츠가 금지되고 카지노도 없어졌다. 그해 초 태국에서는 산호초 재생을 위해 마야 베이를 폐쇄하기도 했다.

코로나19로 인한 봉쇄령이 풀린 지 몇 주 만에 국립공원들은 넘쳐나는 쓰레기로 다시 골머리를 앓기 시작했고, 멋진 경치는 자동차에 가려졌으며, 사진 찍기를 좋아하는 관광객들이 생태계 이곳저곳을 들쑤시기 시작했다. 아이슬란드부터 암스테르담까지, 그레이트 배리어 리프부터 옐로스톤까지, 예상치 못하게 물밀 듯 밀려드는 전 세계의 관광객으로부터 안전한 여행지는 없어 보인다.

관광이 미치는 부정적인 영향을 보여줄 예시는 셀 수 없이 많고, 당장 멈춰야 한다는 생각을 들게 만든다. 하지만 과잉관광에서 기회를 찾을 수도 있다. 문제가 있다는 것을 알게 된 사람들은 이제 틀에 박힌 생각에서 벗어나 관광객이 적은 여행지를 탐험하고 현지인들의 목소리를 들을 수 있는 특별한 여행 일정을 세우게 될 것이다. 만약 우리가 이 도전을 받아들이고 알맞게 대응하기만 한다면 환경에 부담을 지우지 않으면서 특별한 경험도 할 수 있을 것이다.

과잉관광에 대응하기

셀 수 없이 많은 여행객들이 세계 곳곳을 누비고 있기 때문에, 과잉관광은 마치 움직이는 괴물 같은 존재다. 어제까지 잘 알려지지 않았던 동네가 오늘 갑자기 관광객으로 넘쳐나기도 한다. 과잉관광을 해결하는 데 도움이 되도록 목적지를 정하는 방법을 소개한다.

> ### 잠시 멈춰 생각하기: 보이콧
>
> 인권이 존중되지 않거나 권위주의 체제에 있는 나라들을 보이콧해야 한다
> 고 주장하는 사람들이 있다. 이들은 그런 나라에서 관광객이 소비한 돈이 인
> 권 남용이나 대량학살, 혐오 범죄에 쓰이게 된다고 주장한다. 한 예로 미얀
> 마의 실질적인 지도자 아웅 산 수치가 가택 연금된 동안 세계 여행객들 사
> 이에서는 미얀마를 보이콧하자는 목소리가 등장하기도 했다. 사우디아라비
> 아는 국경을 열고 관광객을 맞이하고 있지만 아직까지 자말 카슈끄지Jamal
> Khashoggi(사우디아라비아의 유력 언론인으로 사우디아라비아 정부에서 파견한 요원
> 15명에게 피살되었다는 의혹이 제기되어 국제적인 논란이 불거졌다. 사우디아라비아
> 당국은 자말 카슈끄지가 터키 이스탄불 사우디 총영사관에서 살해되었다는 사실을
> 확인했다-옮긴이) 피살 사건이나 여성 인권 침해 문제를 들어 사우디아라비아
> 여행을 불편하게 생각하는 언론인이 많다.
> 문제는 어디까지가 적정선인지 명확하지 않다는 것이다. 세계는 너무 긴밀하
> 게 연결되어 있고 거리낄 거리가 하나도 없는 장소는 없다. 보수적이거나 탄
> 압적인 정권 아래에서 억압받는 사람들이 희망의 신호를 발견하고, 정보를 얻
> 고, 자신들의 이야기를 할 기회를 찾으려면 오히려 세계와 접촉해야 한다고
> 생각하는 사람들도 있다. 따라서 보이콧은 깊이 생각해보아야 할 문제다.

덜 알려진 관광지 찾기

버킷리스트, '~한 관광지 Top10' 따위의 기사나 SNS에서 유명한
관광지들은 잊고 어디를 여행할지 상상의 나래를 펼쳐보자. 새로운
시각으로 세상을 보고 호기심을 채우기 위해 여행하는 사람이라면
누군가 추천해놓은 여행지 목록을 쫓아다니는 대신, 잘 알려지지 않
은 지역을 모험하거나 탐험하는 것이 두렵지 않을 것이다. 이런 여행
을 하는 동안에는 경치를 보려고 줄을 서서 기다리거나 다른 관광객

수백 명과 함께 산을 타면서 지역 주민들의 따가운 눈총을 받을 일
도 없다.

매년 세계관광기구는 세계에서 관광객이 가장 적은 나라의 순위
를 매기는데, 남태평양의 섬나라 투발루나 카리브해의 화산섬 몬세
라트, 야자수 그늘이 멋진 해변을 자랑하는 시에라리온(위 사진), 프
린시페라는 작은 섬의 유네스코 생물권보전지역처럼 보석 같은 여
행지들이 종종 포함된다.

북적거리지 않는 이런 곳에 방문한다면 환영받으며 여행할 수 있
다. 게다가 관광객이 거의 없는 지역에서는 지역 주민들이 관광객을
염두에 두지 않고 생활하기 때문에 그 지역의 전통(더 어울리는 단어
가 생각이 나지 않는다)을 경험하기에 좋다. 관광 사업에 치중하지 않는
지역에서는 지역 주민과 관광객의 연결고리를 끊는 관광객 전용 시
설을 이용할 일이 거의 없다. 그래서 더 나은 경험을 할 수 있을 뿐

아니라 소비하면 할수록 지역 소상인을 도울 수 있다.

외딴 섬을 여행하는 것이 비현실적이라는 생각이 든다면 다른 장소를 찾으면 된다. 동유럽은 서유럽에 견주어도 모자라지 않는 아름다운 해안, 산, 돌길을 갖춰 볼거리가 충분하지만 제대로 평가받지 못하는 경우가 많다. 아르메니아, 조지아, 아제르바이잔을 가로지르는 하이킹 코스인 트랜스 코카시안 트레일Transcaucasian Trail은 잘 알려진 스페인이나 포르투갈의 순례길보다 훨씬 평화로우며, 훨씬 뿌듯함을 느낄 수 있는 길이다.

콜롬비아와 벨리즈는 카리브해의 섬들과 똑같은 에메랄드빛 해안을 가지고 있으면서 크루즈 여행객이나 당일치기 여행객이 훨씬 적다. 파푸아 뉴기니(위 사진)를 찾는 관광객 수는 동남아시아의 북적이는 해안에 비해 몇 분의 일 수준이다. 정치적으로 불안정하기는 하지만 중동 국가들과 폐허가 된 세계 문화 유적지도 관광객을 반긴다. 치안이 걱정이라면 여행사에서 조언을 구하거나 외교부에 문의해보자.

보통은 나라의 수도가 가장 유명한 관광지가 되지만, 제2의 도시나 관광객이 다른 도시들을 방문해볼 수도 있다. 야외활동을 즐기는 사람들에게 스웨덴의 예테보리는 스톡홀름보다 훨씬 매력적이며, 암스테르담의 건축물을 좋아하는 사람이라면 위트레흐트는 좋은 대체 여행지인 데다 소란스러운 학생들도 찾아보기 힘들다. 시카고의 활기 넘치고 긍정적인 분위기는 워싱턴 D.C.보다 훨씬 미국다운 도시의 모습을 보여준다.

물론 이런 여행지를 방문하려면 포기해야만 하는 것들도 있다. 프랑스의 릴은 그 나름대로도 멋진 도시이지만 파리를 대체할 수 있다고 말하기는 힘들다. 바르셀로나의 사그라다 파밀리아를 구경하려고 줄을 서느니 세르비아의 돌길을 거닐며 타파스 맛집을 다니는 쪽이 내 취향이지만, 어쨌든 나도 두 도시를 모두 다녀오기는 했다.

잘 알려진 관광지에서 관광객을 피해 다닐 수도 있다. 현지인들의 조언을 듣거나 지역 가이드의 이야기에 귀 기울여보자. 유네스코 세계 문화유산을 찾아다니는 대신 현지인들에게 다른 흥미로운 구경거리가 있는지 물어보자. 에어비앤비나 스파티드바이로컬스Spotted by Locals, 아이라이크로컬I Like Local에서 숙소를 구하면 틀에 박힌 여행지를 쫓아다니는 대신 특별한 경험을 할 수 있을 것이다.

인기 휴양지 발레아레스 제도(다음 사진 왼쪽)에서는 최근 '지속가능 관광세'를 통해 섬 곳곳을 잇는 산책길을 새로 조성했다. 덕분에 여행자는 관광객들로 붐비는 해변에서 벗어나 걷거나 말을 타고 섬

을 둘러볼 수 있게 되었다. 마요르카에는 산과 언덕 위의 보호구역들을 지나는 길이 마련되어 있으며 길을 따라 섬 전체를 걸어서 둘러볼 수 있다. 캐나다의 톰슨 오카나간의 관광협회에서는 빅데이터를 사용해 관광객의 동선을 파악하고 목적지를 추천한다. 사람들이 한 장소에 몰리지 않도록 각종 이벤트를 열고, 다양한 활동을 제공하기 위해 음식과 체험 활동 상품을 개발하기도 한다.

몇몇 여행사들은 어려운 도전을 받아들이며 적절하게 대처하고 있다. 예를 들어 머치베터어드벤처Much Better Adventures는 영국의 벤 네비스Ben Nevis산과 스노든Snowdon산에서 관광객이 적은 등산로를 개발했으며 네팔에서는 등반객들로 붐비는 안나푸르나 서킷을 대체할 트레킹 루트를 개발했다. 머치베터어드벤처의 지속가능관광상품 개발 책임자 메간 데브니쉬는 "친숙한 장소에서 색다른 경험을 제공하는 상품을 기획하고 있다"고 밝혔다.

나다 호스킹 글로벌 헤리티지 펀드 이사

글로벌 헤리티지 펀드Global Heritage Fund에서는 지역 공동체가 문화유산을
경제적 자산으로 인식하도록 돕고, 문화유산으로 소득을 창출해 여행지의
인구 감소를 해소한다.

지속가능 여행의 다음 단계는 무엇일까요?

요즘 여행자들은 사람들과 소통하는 진솔한 경험을 찾습니다. 단
순히 버킷리스트에 적힌 여행지를 지워나가기보다 문화와 역사를
배우며 여행에서 의미를 찾고 싶어 하지요.

이런 변화를 기회로 삼아 여행지의 지역 공동체에서는 소득을 얻
고 위기에 처한 문화유산을 보호할 수 있습니다. 완전히 사라질 위
험에 처한 유적지나 전통이 전 세계에 아주 많은데, 문화유산을 보
호하고 전통을 지켜야 할 젊은 세대는 일자리를 찾아 도시로 이주
할 수밖에 없는 경우가 많습니다. 지속가능한 여행은 지역 공동체에
강력한 사회적·경제적인 영향을 미칠 수 있고, 여행객이 소비하는
돈이 지역 공동체 안에 머무르도록 합니다.

지속가능한 여행을 하고 있습니다

지속가능한 미래를 꿈꿀 때 가장 힘이 되는 것은 무엇인가요?

저는 지속가능성을 포괄적인 개념으로 생각하고 실천하는 사람들을 보면 용기가 생깁니다. 지속가능한 여행이란 모든 분야에서 옳은 행동을 하는 여행입니다. 단순히 플라스틱 빨대를 덜 사용하는 차원이 아니라 여행하는 내내 우리가 미칠 영향을 폭넓고 장기적으로 고려해야 하고, 지역 공동체가 적절한 관심을 받고 올바르게 관리되는지 살펴야 합니다. 최근 사람들이 느린 여행에 주목하고 있습니다. 물론 시간이라는 준비물이 반드시 있어야만 가능하기는 하지만, 지역 공동체와 끈끈한 관계를 맺고 싶다면 꼭 느긋하게 여행해보라고 추천합니다.

지속가능 여행을 하려는 사람들에게 하고 싶은 조언이 있나요?

덜 알려진 지역으로 여행하세요. 다른 관광객 무리와 부딪히지 않으면서 유적지를 보호하는 데도 도움이 되고, 문화를 온전히 느끼고 배울 수 있습니다. 한 장소에 오래 머무를수록 좋습니다. 여행자가 소비하는 돈이 지역에 머무를 수 있어 지역 경제에도 도움이 됩니다. 여행지의 진짜 모습을 볼 수 있으니 여행자에게도 좋지요. 지역 공동체를 돕고 싶다면 내가 소비하는 돈이 계속 지역에 머무를지 따져보세요. 관광 수익이 현지 가이드나 숙박시설에 돌아가도록 확실한 방편이 마련된 여행지도 있지만, 그렇지 않은 장소를 여행할 때는 미리 대안을 조사해두면 좋습니다.

친환경 여행지 지지하기

여행객에게 잘 알려지지 않은 즐길 거리는 찾아보면 아주 많다. 다뉴브강을 따라 자동차가 없는 빈 중심지를 걸어보거나 무료 전기 차인 카발리Kavalir 버기를 타고 류블랴냐의 구불구불한 길과 공원들을 누빌 수도 있고, 세계 생물 다양성의 6%를 책임지는 코스타리카의 보호구역을 방문하거나 가이아나의 환경친화적 숙소를 따라 하이킹을 할 수도 있다. 어디를 가더라도 지속가능한 여행지에서 가장 흥미롭고 색다른 경험을 할 수 있다는 사실을 곧 깨닫게 될 것이다.

지속가능성을 위해 노력하는 도시와 나라를 여행하면 현지인의 삶과 자연환경에 해로운 영향을 덜 끼칠 수 있을 뿐만 아니라, 정부와 현지인을 비롯해 관련된 사람 모두가 지속가능성을 위해 들인 노력의 가치를 증명할 수도 있다. 사람들이 모두 여행지를 까다롭게 고르기 시작하면 전 세계에서 긍정적인 변화가 일어날지도 모른다.

환경에 미칠 영향에 책임을 지는 여행자라면 현지인을 우선으로 둔다. 현지인이 삶에 만족해야 더 편리한 교통수단이 생기고, 재생 에너지를 사용할 수 있고, 도시 접근성이 좋아지며, 녹지와 자연환경이 보존되기 때문이다. 2019년 목적지 지속가능성 평가 지수 Global Destination Sustainability Index에서는 이런 지속가능한 발전을 이룬 도시로 예테보리, 코펜하겐, 취리히가 선정되었다.

프랑스, 스위스, 덴마크는 가장 살기 좋은 나라이자 지속가능한 사회 기반 시설을 갖춘 나라로 꼽힌다. 코스타리카, 가이아나, 바누아투, 팔라우, 칠레도 해로운 영향을 덜 미치면서 가치 높은 관광 산업을 주도하는 나라로 인정받고 있다.

서인도 제도의 작은 섬 세인트 키츠에서는 관광 산업을 지속가능한 방향으로 개발하기 위한 전담 부서를 따로 마련해 '환경과 인류를 위해' '우리에게 좋은 것이 모두에게 좋다'라는 슬로건을 바탕으로 관광 전략을 세운다. 세인트 키츠의 지속가능성 의회는 매년 거주민의 의견을 듣기 위해 조사를 시행하는데, 최근 조사에서는 거주민의 80%가 관광 산업을 긍정적으로 생각한다고 답했다.

방문하려는 여행지에 지속가능성을 위한 정책이 마련되어 있는지 모르겠다면, 환경친화적인 경험을 할 수 있다고 홍보하는 관광지를 알아보고 관광객 수를 줄여야 한다고 직접 제안하자. 관광세가 있는지, 크루즈선 정박이 금지되어 있거나 방문객 수를 제한하는지도 알아보면 좋다.

부탄처럼 꽤 높은 입국세를 부과해 자연스럽게 관광객을 줄이거나 보츠와나처럼 자연 보호 프로그램을 기반으로 관광상품을 개발하는 여행지도 있다. 과잉관광의 문제를 잘 인식하고 있는 암스테르담에서는 '언투어리스트 가이드Untourist Guide(잘 알려지지 않은 장소를 소개하는 웹사이트—옮긴이)'를 개발해 방문객이 도시에 긍정적인 영향을 미칠 수 있도록 하고 있다.

대담한 여행을 마다하지 않는 모험가라면 전혀 홍보되지 않은 지역으로 떠나도 좋다. 모험을 떠날 준비가 되어 있다면 비추천 여행지로 떠나보자. 둘 중 어느 쪽을 택하든, 관광지가 아닌 사람 냄새 나는 장소에 방문한다고 생각하고 예전의 관광객 사고방식은 내려놓아보자.

근교 여행의 재발견

흔히 집에서 멀리 떠날수록 즐거운 여행을 할 수 있다고 생각한다. 하지만 내 경우 가장 기억에 남는 여행은 집에서 가까운 지역을 여행했을 때였다. 스코틀랜드의 에이그Eigg 섬에 아무런 장비 없이 고립되어 문 연 가게도 없는 외딴곳에서 고생했던 기억이나 스코펠봉Scafell Pike에서 눈보라를 마주친 기억, 데번주 다트머스의 해변에서 거대한 배럴 해파리와 수영한 기억, 사우스다운스에서 달빛을 맞으며 산책하다 말 떼에게 쫓긴 기억이 아직도 생생하다. 모두 예상치 못했던 짜릿한 경험이었다.

자기가 사는 곳에 머무르며 스테이케이션Staycations(휴가를 멀리 가지 않고 집이나 차로 갈 수 있는 가까운 거리에서 보내는 사회현상—옮긴이)을 즐겨보자. 살고 있는 나라에서 가장 먼 곳으로 여행할 수도 있고, 그냥 집 근처에 머물러도 좋다. 탄소를 덜 배출할 수 있어 환경친화적이고, 지구촌 시민으로서 집 근처의 야생 동물과 문화를 아끼고 보존하며 보람도 느낄 수 있다. 시간이 들고 의지가 필요하지만, 여행하고 싶을 때마다 비행기를 타고 해외로 나간다면 자신이 사는 지역과는 영영 정을 쌓을 수 없을지도 모른다.

넘쳐나는 여행 광고 때문에 이색적인 풍경을 찾아 떠나는 사람들이 점점 많아지고 있다. 광고와 소셜미디어 덕분에 비행기를 타고 떠나는 여행은 패스트패션만큼 소비 욕구를 자극한다. '다른 사람들도 하는데 나라고 못 할 것 없다'는 심리도 이런 욕구를 부추긴다.

2009년 철학자 알랭 드 보통Alain de Botton은 '집에서 즐기는 휴가 키트The Holiday at Home Box'를 개발했다. 이 키트 안에는 '일등석으로 비행하세요. 벽에서 50cm쯤 떨어진 자리에 안락의자를 가져다 놓으세요. 텔레비전을 가까이에 놓으세요. 그 자리가 5,000파운드짜리 자리라고 상상하세요'라는 안내 문구가 들어 있다. 정곡을 찌르는 풍자다. 생각해보면 휴가 동안 아침 6시에 일어나거나 공항 검색대를 통과하거나 만일의 사태를 대비해 무거워진 짐을 이고 다니며 관광지에서 돈을 얼마나 쓰게 될지 부담을 느낄 필요가 전혀 없다. 떠나기 전에 멋진 풍경을 잔뜩 기대하지만, 막상 가보면 기대에 못 미칠 때도 많다.

반면 스테이케이션은 즉흥적으로 여행했을 때 발견할 수 있는 즐거움이 있다. 마음도 더 편안하다. 추천 여행지를 빠짐없이 들러야만 할 것 같은 부담 없이 매 순간을 즐길 수 있기 때문이다. 날씨가 맑든 비가 오든, 순탄한 여행이든 고생만 하는 여행이든, 어떤 경험을 하게 되더라도 가까운 지역을 여행하는 쪽이 언제나 훨씬 지속가능한 선택이다.

집 가까이에 머물러 있으면 폭넓은 경험을 할 수 없다고 생각하지 말자. 어느 나라에 살든 생각보다 가까이에서 모험을 즐길 수 있다. 캐나다에는 토론토 도심에서 알로퀸 주립공원Algonquin Provincial Park 또는 브루스 페닌슐라Bruce Peninsula 국립공원까지 저렴하고 편리하게 이동할 수 있는 파크버스Parkbus가 운영되고 있다. 콜롬비아에서는 케이블카를 타고 스모그가 짙게 깔린 메데인에서 나무 38,000그루가 살아 숨 쉬는 숲을 가로지르는 87km짜리 트레킹로까지 갈 수 있으며, 영국 웨일즈 지방에서는 버려진 채석장이 세계에서 가장 긴 인공파도 서핑장으로 변신해 운영되고 있다.

잠시 멈춰 생각하기: 인스타그램

홀스슈벤드는 콜로라도강의 조용한 사암 절벽 아래 U자로 급하게 꺾인 지점이다. 오랫동안 지역 주민들만 이 멋진 경치를 즐길 수 있었다. 하지만 인스타그램이 생긴 지 2년 만에 2010년 이전까지 한 해 동안 몇천 명뿐이었던 방문객 수가 2018년에는 몇백만 명으로 늘었다. 기반 시설들은 갑작스럽게 몰려드는 관광객을 감당할 수 없었다. 관광객이 절벽에서 추락해 사망하는 사고가 발생하자 뷰포인트까지 이어진 흙길은 폐쇄되고 철책이 세워졌다.

이런 일이 심심치 않게 발생한다. 유명 가수 저스틴 비버Justin Bieber의 뮤직비디오에 등장한 아이슬란드의 협곡이 그의 팬들이 몰려들면서 폐쇄되기도 했고, 뭄바이에서는 관광객 몇 명이 사망하는 사고가 생긴 뒤 '셀카'가 금지되었다. 관광객이 폭발적으로 늘고 있는 나라는 이 밖에도 많다. 조용하고 고즈넉한 풍경이나 멋진 절경이 여행 책자에 소개되면 관광객 몇천 명이 늘어나는 데 몇 년이 걸리지만, 인스타그램은 단 몇 초면 충분하다.

사진을 올리면서 찜찜하다면 장소를 태그하지 않으면 된다. 진짜 모험을 하고 싶다면 아예 스마트폰 없이 다녀보자.

Interview

셀린 쿠스토 영화 제작자 겸 환경운동가

해양탐험가 자크 쿠스토Jacques Cousteau의 손녀인 셀린 쿠스토Céline Cousteau
는 자연 보호 활동과 윤리적 문제들을 다룬 영화를 제작한다. 비영리 기구
트레드라이트Treadright Foundation의 앰배서더로도 활동하고 있다.

지속가능 여행의 다음 단계는 무엇일까요?

지속가능한 여행이 무엇인지 고민하는 사람들이 늘고 있습니다.
대나무 식기를 사용하는 차원을 넘어 여행하는 이유와 방법, 목적
이 무엇인지 다시 생각해보고 받은 만큼 돌려주며, 여행을 더 많이
배울 기회로 생각하는 사람들이 점점 많아지고 있습니다. 사람들
은 의미 있는 경험으로 이어질 수 있는 선택을 하고 뿌듯함을 느끼
고 싶어 합니다. 이제는 이런 생각을 해보지 않은 사람들까지도 여
행을 통해 의식을 바꿀 수 있다는 사실을 깨닫도록 우리가 도와야
합니다. 앞으로는 자신과 사람 들을 변화시키면서 경험의 깊이를
중요하게 생각하는 '전환적 여행transformative travel'이 중요해질 것입
니다.

3 지속가능 여행 계획하기

지속가능한 미래를 꿈꿀 때 가장 힘이 되는 것은 무엇인가요?

지속가능성에 관해 이야기하는 사람들이 점점 많아지고 있다는 사실이지요. 부디 이런 대화가 긍정적인 행동으로 이어지길 바랍니다. 여행사와 여행 서비스업을 운영하는 사람들은 이런 도전을 받아들여야겠지요. 지속가능성이 추천사항이나 선택사항이 아니라 당연한 기준이 되어야 합니다.

지속가능 여행을 하려는 사람들에게 하고 싶은 조언이 있나요?

여행하는 이유를 곰곰이 생각해보고 가장 긍정적인 영향을 미칠 수 있는 여행지를 찾아보세요. 자신의 행동에 책임을 지고 사람과 동물을 어떻게 대할지 생각해보세요. 일회용품 대신 재사용 가능한 물건들을 챙기고 무엇을 먹을지도 꼼꼼히 따져보세요. 여행사도 잘 골라야 합니다. 지속가능한 정책에 따라 운영되는지, 여행지에 보탬이 되는지 확인하세요. 이런 업체들이 지속가능성을 위한 적절한 방안을 만들고 따르도록 요구해야 합니다. 할 수 있다면 여행 방문지에서 자신에게 의미 있는 보호 활동을 찾아 기부도 해보세요. 적은 금액이라도 변화를 만드는 데 보탬이 됩니다. 기부하기 전에는 반드시 꼼꼼하게 세부정보를 확인하고 프로그램 운영자와 대화하며 기부금이 적절한 곳에 쓰이는지 확인해야 합니다.

어디에 소비할까

지속가능한 여행을 하면 할 수 있는 경험은 적으면서 돈을 더 쓰게 된다고 생각하는 사람이 많지만, 사실이 아니다. 물론 친환경 기술을 도입하고 지속가능한 정책을 적용하려면 투자를 해야 하고 이 비용이 여행자에게 부담을 줄 수도 있다. 하지만 보통 지속가능한 여행이 비싼 이유는 더 멋진 경험을 할 수 있기 때문인 경우가 많다.

화려한 샹들리에가 달린 고급 레스토랑에서 식사하는 대신 인간의 손이 닿지 않은 자연이나 문화를 오롯이 경험할 수도 있고, 보존지역이나 지역 문화유산에 관해 잘 아는 전문가와 함께 여행할 수도 있다. 지역 사람들에게 돌아가는 돈이 많아지면 전반적인 서비스가 좋아지고, 지역에서 나는 비싼 자재를 사용해 지역색이 물씬 풍기도록 건물을 꾸밀 수 있게 되어 기억에 남는 장소가 탄생하기도 한다.

　지속가능한 여행은 가장 적은 예산이 드는 여행 방법이기도 하다. 이름난 체인 호텔이나 레스토랑에서 돈을 쓰는 대신 지역 맛집이나 길거리 음식을 즐겨보자. 자연에서 캠핑하거나 오두막 또는 산장에서 지내면 훨씬 친환경적이면서 돈도 거의 들지 않는다. 이동할 때마다 택시를 타는 대신 대중교통을 이용하면 돈을 아낄 수 있고, 걸어 다닌다면 돈은 한 푼도 들지 않는다.

언제 갈까

관광지 대부분은 1년 중 방문객이 몰리는 시기가 정해져 있고, 이런 현상 때문에 경제적인 문제나 과잉수용 문제가 발생하기도 한다. 관광지가 성수기 관광 수입에 과하게 의존하게 될 경우 지역의 현지인들은 안정적인 삶을 찾아 다른 지역으로 떠나고, 결국 일 년의 절반은 유령도시가 되고 만다. 이런 악순환이 계속되면 도시는 지역 고유의 색을 잃고 놀이공원처럼 변한다.

여행지에 부담을 덜어주고 싶다면 친환경 시즌이라고도 하는 비수기를 활용해보자. 현지인들이 긴장하지 않고 있을 때 여행하면 훨씬 즐겁게 다닐 수 있다. 물가가 성수기보다 저렴하고 이동하기도 쉬워서 계획을 세울 때도 머리 아플 일이 적다. 유명 관광지일수록 성수기를 피해 방문하면 여행자뿐만 아니라 지역 주민들에게도 좋다. 과잉관광 때문에 골머리를 앓는 지역도 다른 지역들과 마찬가지로

배려할 줄 아는 관광객을 원한다.

물론 부정적인 면도 있다. 날씨의 영향 때문에 성수기와 비수기가 생기는 경우가 많은데, 보통 볕이 조금이라도 더 좋은 날에 다니고 싶어 하기(혹은 햇빛을 필요로 하기) 때문이다. 비수기에는 문을 닫는 상점이 있을 수도 있다. 박물관 같은 시설이 내부 공사를 할 수도 있고, 비수기에는 문을 닫거나 제한된 서비스를 제공하는 레스토랑도 있다. 예약하기 전에 조사를 충분히 해두자.

어떻게 다닐까

A 지점에서 B 지점까지 가장 지속가능한 방법으로 가려면 2장의 '여행자가 알아야 하는 탄소 위기'에서 다뤘던 대로 느리게 가면 된다. 비행기를 타지 말고 기차·버스·여객선을 이용하고, 더 나은 방법을 찾는다면 직접 항해하거나 자전거를 타거나 걸어서 이동할 수도 있다.

하지만 안타깝게도 여행하고 싶은 마음이 들 때 이처럼 천천히 이동하며 몇 달을 길 위에서 보낼 수는 없다. 휴가 일수가 정해져 있기 때문에 비행기를 타야 이동 시간을 줄이고 여행지에서 시간을 최대한 많이 보낼 수 있을 것이다.

하지만 상황이 변하고 있다. 기차 노선이 새로 생기고 있고, 여행사들도 비행기를 타지 않는 여행 패키지를 판매하고 있으며, 클라이밋 퍼크스Climate Perks 같은 캠페인은 천천히 여행하는 사람들이 부

담을 느끼지 않도록 비행기를 타지 않는 사람들에게 휴가를 더 제공하자고 제안한다. 비행기를 타고 휴가를 떠났더라도 여행지에서 만큼은 단거리 비행이나 택시 대신 느리게 이동하는 교통수단을 활용해 탄소 배출을 줄여보자.

일단 시도해보면 다시는 서두르며 여행하고 싶어지지 않을지도 모른다. 천천히 이동하면 환경에 보탬이 될 뿐만 아니라 새삼 여행의 묘미가 느껴지기도 한다. 슬로우푸드를 통해 음식을 먹는 순간뿐만 아니라 장을 보고 요리하는 과정까지 즐길 수 있는 것처럼 슬로우트 래블은 여행 과정 자체를 즐길 수 있도록 해준다. 여정을 세심하게 음미할 여유가 생기고, 마주치는 사람들과도 유대를 쌓을 수 있게 되어 A 지점에서 B 지점까지 이동하는 과정 자체가 또 하나의 경험이 된다. 이 장에서는 느린 여행을 하면서 알아두면 좋은 정보를 소개한다.

기차

여러 나라와 대륙을 가로지르는 열차에 앉아 리드미컬하게 덜컹거리는 소리를 듣고 있으면 빠르게 변화하는 일상에서의 스트레스가 전부 날아가는 것 같은 기분이 든다. 인도 기차를 타고 창문 밖으로 몸을 내밀어 경치를 감상해도 좋고 시베리아 벌판을 달리며 보드카 한 병을 해치워도 좋다. 시시각각 변하는 여행지의 다양한 지형과 문화를 낱낱이 경험하기에 장거리 열차만큼 좋은 방법은 없을 것이다.

기찻길은 세계 곳곳으로 뻗어 있다. 기차 여행하기 특히 좋은 나라가 있기는 하지만 그런 곳이 아니라도 어느 대륙에서나 기차 여행은 할 수 있다.

기차 여행은 다양한 취향에 모두 맞출 수 있어 좋다. 오리엔트 특급 열차를 타고 호사를 마음껏 누릴 수도 있고, 트랜스몽골리안 열차를 타고 며칠 동안 허리를 꼿꼿하게 펴고 앉아 여행할 수도 있다.

호주의 간Then Ghan 열차는 호주 대륙 한가운데를 관통하며, 베트남의 통일 특급은 베트남을 둘러볼 수 있는 가장 쉬운 방법이다. 진짜 인도의 모습을 보고 싶다면 기차를 타면 된다. 전국 곳곳에 있는 기차역 7,000개를 통해 원하는 곳은 어디든 갈 수 있다. 영화 〈해리 포터Harry Potter〉 덕분에 유명해진 스코틀랜드의 웨스트 하이랜드 라인West Highland Line이나 캐나다 브리티시 컬럼비아의 때 묻지 않은 아름다운 자연을 볼 수 있는 루퍼트 로켓Rupert Rocket을 타볼 수도 있

다. 빠르게 달리는 신칸센 안에서 일본의 경치를 즐기기는 힘들지
만, 신칸센을 빼고 일본 문화를 이야기할 수는 없다. 중국 대륙을
횡단하는 열차의 3등 칸에 앉아 밤새 고량주를 마시며 달리는 것만
큼 눈이 번쩍 뜨이는 경험도 없다.

남미에서는 이동할 때 고속버스를 이용하는 경우가 훨씬 많지만,
주목할 만한 기차 노선 구간도 있다. 볼리비아의 엑스프레소 델 수
르Expreso del Sur는 옛 수도인 오루로와 우유니 사막 사이의 구불구
불한 300km 구간을 7시간에 걸쳐 달린다. 조금 더 고급열차인 에
콰도르의 트렌 크로세로tren crucero는 안데스 산맥과 태평양 연안
을 잇는다. 미국에 기차 노선이 많지는 않지만 주목할 만한 앰트랙
Amtrak 노선도 있다. 천장이 유리로 되어 있고 해설 방송도 제공하는
노선을 찾아보자. 거대한 북미 대륙을 제대로 감상하고 싶다면 캘리
포니아 제퍼California Zephyr를 타고 록키산맥을 가로지르거나 코스트

스타라이트를 타고 로스앤젤레스에서 시애틀까지 달려보자.

유럽은 기차 노선 개발에 한창인데, 특히 침대칸에 열을 올리고 있다. 런던에서 스코틀랜드까지 운행하는 칼레도니안 슬리퍼가 최근 필요했던 보수를 마쳤고, 브뤼셀에서 빈까지 침대 열차가 생긴 덕분에 중앙 유럽에 닿기가 쉬워졌으며, 스웨덴 사람들도 예테보리에서 심야 열차를 타고 런던까지 갈 수 있게 되었다. 흥겨운 기차 여행을 원한다면 암스테르담에서 베를린까지 왕복하는 술과 음악이 끊이지 않는 재즈 열차가 일 년에 몇 차례 운행되고 있으니 참고하자. 한편 세계에서 가장 바쁜 국제 열차 노선으로 런던과 파리, 브뤼셀, 암스테르담을 연결하는 유로스타는 플라스틱 사용을 금지하고 탄소 배출을 줄이는 데 힘쓰며(이미 비행기의 승객당 탄소배출량인 133g에 훨씬 못 미치는 6g만 배출하고 있는데도) 친환경으로 탈바꿈하기 위해 노력하고 있다.

열차편을 찾고 예약하기도 훨씬 쉬워졌다. 전 세계 열차 노선과 시간표를 검색할 수 있는 기차 여행 전문 웹사이트인 seat61.com을 참고해보자. 유럽에서는 레일 유럽Rail Europe을 통해 노선을 찾거나 기차표를 예약하기가 쉬워졌고, 스노우 카본Snow Carbon에서는 스키 장비와 함께 스키장으로 갈 때 이용할 수 있는 열차편을 예약할 수 있다. 그린 트래블러Green Traveller에서는 영국과 유럽에서 기차를 타고 휴일을 보내는 방법 등 비행기를 타지 않는 여행 일정을 소개한다.

돈을 절약할 수 있도록 장기 레일 패스를 찾아보고 지역 관광청에 조언을 구해보자. 오리지널 트래블Original Travel, 컨티키Contiki, 선

빌Sunvil과 같은 패키지여행 전문 여행사는 비행기 대신 기차를 타고 떠나는 여행을 점점 많이 소개하고 있다. 한편 플래닛 레일Planet Rail 과 그레이트 레일 저니스Great Rail Journeys는 '플래티넘' 여행 상품을 통해 기차 여행의 기준을 높이고 있다. 오랫동안 느린 여행을 지지해온 인트래블Inntravel에서는 지방 소도시 열차 노선을 활용해 스페인 북쪽 해안이나 슬로베니아에서 덜 유명한 호수처럼 숨겨진 여행지를 소개한다.

페리

사람과 바다 풍경을 관찰하기에는 페리가 제격이다. 돌고래나 바닷새를 볼 수도 있어 야생 동물에 관심이 많은 사람에게도 좋다. 이런 특별한 이유가 없더라도 목적지에 도착해 항구에 배를 댈 때의 기분은 비행기가 활주로에 내릴 때와는 비교할 수 없다. 다이렉트 페리Direct Ferries 웹사이트에서 전 세계 페리 노선을 검색할 수 있지만, 여기에도 간단히 소개해두려 한다.

스웨덴 남서쪽 해안에는 예테보리와 노르웨이 사이의 예스러운 마을들과 자동차 없는 섬들을 다니는 페리가 있다. 그리스 남쪽 해안의 키클라데스 제도를 둘러보는 가장 좋은 방법은 블루스타 페리 Blue Star Ferries이며, 이탈리아에서 그리스의 코르푸섬까지 갈 때도 페리를 이용할 수 있다. 스코틀랜드, 아일랜드와 지중해에서는 '육로와 해로'를 연결한 상품을 이용해 비행기를 타지 않고도 유럽 외곽의 섬들에 저렴하고 쉽게 접근할 수 있다.

북아메리카 역시 페리 노선이 잘 갖춰져 있다. 페리를 타고 쉽게 밴쿠버섬을 방문할 수 있으며 BC 페리는 밴쿠버와 브리티시 컬럼비아주를 오간다. 알래스카 마린 하이웨이 시스템Alaska Marine Highway System은 해안선 5,000km를 따라 운행되며, 미국의 스팀십 어서리티Steamship Authority는 뉴잉글랜드 지역의 예쁜 마을들을 오가는 계절 한정 노선을 운영한다.

아시아에도 곳곳을 연결하는 요트나 페리가 있다. 대한민국과 일본, 중국, 싱가포르, 인도네시아, 말레이시아, 태국과 필리핀을 연결하는 페리 노선은 항공기를 대체하기에 충분하다. 메콩강을 건너 태국에서 라오스까지, 캄보디아에서 베트남까지 갈 수도 있다.

아직까지는 상대적으로 탄소 배출량이 많은 편이지만(비행기의 3분의 1 수준) 점점 친환경으로 변화하는 중이다. 2019년에는 세계 최초의 전기 페리인 엘렌Ellen호가 덴마크의 에어로섬부터 본토까지 처녀항해를 했다. 복작거리는 홀리헤드와 더블린 사이를 오가는 스테나 에스트리드Stena Estrid는 세계에서 가장 에너지 효율적인 페리이며, 칼레도니아 맥브레인 클라이드 앤 헤브리디언 페리Caledonian MacBrayne Clyde & Hebridean Ferries사의 하이브리드 여객선들은 스코틀랜드에서 승객들을 싣고 솔런트 해협을 건넌다.

직접 항해하기

선장이 되어 직접 자신의 배를 몰고 바다로 나가는 것만큼 가슴 벅찬 일이 있을까. 옛 탐험가의 발자취를 따라 자연을 누비며 푸른 바다 위의 삶을 잠시나마 경험할 수 있다.

예산에 맞춰 항해 계획을 짤 때는 크루시커Crewseekers를 활용할 수 있다. 크루시커는 데이팅 앱 틴더Tinder와 비슷한 방식으로 선원을 찾을 수 있도록 돕는 서비스다. 선장이 광고를 통해 세계 여행, 당일치기 해안 탐험 등을 하기 위해 바다로 함께 나갈 선원을 모집한다. 본인이 바다 생활에 적응할 수 있을지 시험하는 기회로 삼을 수도 있고, 시간만 충분하다면 비용을 거의 들이지 않고 일생일대의 경험을 하게 될 수도 있다.

데이 스키퍼Day Skipper(항해 교육 프로그램-옮긴이) 같은 프로그램을 통해 자격을 갖추고 나면 보트를 빌려 세계 어디든 갈 수 있다. 클릭 앤 보트Click&Boat 같은 사이트에서는 배를 가진 사람들이 낸 대여용 보트 광고를 찾을 수 있다. 휴일 동안 잠시 빌리기 좋은 배들은 선세일Sunsail 같은 사이트에서 찾아보자. 항해하면서 어려운 일을 대신해

줄 사람이 필요하다면 해피차터Happy Charter에서 선원까지 갖춰진 상태의 배를 빌리면 된다. 전통적인 요트부터 경주용 카타마란까지 다양한 배를 찾을 수 있다.

해양 탐험 프로젝트

탐험을 위한 항해에 참여하면 야생 동물을 연구하면서 바다에 버려진 쓰레기도 눈으로 확인할 수 있고, '시민 과학(비전문가인 시민이 과학자와 협력하는 자발적인 과학 활동-옮긴이)' 프로젝트를 경험해볼 수 있다. 안전한 방법으로 해양 생태계를 체험하기에 좋은 방법이다.

판게아 익스플로레이션Pangea Exploration의 플라스틱 및 야생 동물 조사 탐험은 가장 친환경적인 탐험 프로그램 중 하나다. 이 조사에서 사용되는 씨드래곤Sea Dragon호는 최대 15명을 태우고 미국 서해안을 출발해 1~4주간 항해한다. 형식적인 연구가 아니라 진짜 의미 있는 연구를 진행하며 선원들은 모두 2만 해리 이상 항해한 베테랑들이다.

유럽에서도 해양 보호 단체인 와일드씨Wildsea를 통해 비슷한 여정을 계획할 수 있다. 이탈리아 연안에서 돌고래를 조사하거나 아일랜드 근처의 해초지에서 스쿠버다이빙을 즐겨보자. 세인트 힐다 씨 어드벤처St Hilda Sea Adventures에서는 소규모 그룹으로 개조된 구조선을 타고 스코틀랜드 연안의 섬들을 둘러보는 상품을 운영한다. 리스펀서블 트래블에서는 세계 각지에서 운영하는 환경친화적인 소규모 탐험선에 관한 정보를 제공한다.

컨테이너선

항해가 익숙하지 않다면 컨테이너선을 타보자. 화물을 실어 나르는 10만 톤짜리 배를 타고 세계 이곳저곳을 다닐 수 있다. 여정이 화물 수송 일정에 달려 있어 '느린 여행'을 경험하기에도 딱이다. 밴쿠버에서 대한민국까지는 열흘, 영국에서 남아프리카 공화국까지는 55일이 걸린다. 뱃삯을 낸 여행객은 편안한 객실에서 지낼 수 있고, 끼니 때마다 따뜻한 음식도 제공되며 선교와 갑판, 식당 등을 자유롭게 드나들 수 있다. 범고래나 알바트로스를 직접 볼 수 있고 바비큐를 즐기거나 노래방을 이용하는 등 생각보다 훨씬 다양한 체험을 할 수 있다.

컨테이너선도 탄소 발자국을 남기기는 하지만 어차피 바다로 나갈 배의 몇 안 되는 승객 중 한 명(또는 유일한 승객)으로 묻어가면 여행 동안 탄소 배출량을 크게 늘리지 않을 수 있다. 스트랜드 트래블 Strand Travel과 프라이터트립스Freighter Trips를 통해 컨테이너선 여행을 계획해보자.

강과 운하

광활한 바다로 나갈 준비가 아직 덜 되었다면 작은 배로 잔잔한 여행을 해보자. 강과 운하를 통해 주변 환경을 둘러보고 야생 동물을 가까이에서 볼 수 있을 뿐 아니라 문화도 한층 더 깊이 이해할 수 있다. 육로가 활발하게 이용되기 전 무역과 운송의 중심이 강이

었기 때문이다.

하지만 무책임하게 운영되는 대형 크루즈로 강을 관광하면 환경에 심각한 해를 끼칠 수 있다. 따라서 배에 탈 수 있는 인원이 소규모로(40명 미만) 제한되어 있는지, 쓰레기와 하수를 올바르게 처리하는지 연료를 효율적으로 사용하는지 반드시 묻고 확인하도록 한다. 또, 운행되는 노선이 도시, 마을, 주민들에게 부담이 아닌 보탬이 되는지도 따져보자.

낯선 사람들과 섞이고 싶지 않다면 운하용 보트나 모터보트를 직접 빌릴 수도 있다. 가능하다면 재생 에너지를 사용하는 업체를 고르자. 위아 온 어 보트We Are On A Boat에서 100% 재생 에너지를 사용하는 배를 빌릴 수 있다. 영국에서는 앵글로 웰쉬Anglo Welsh의 신형 보트들이 LED 등과 에너지 효율이 좋은 연료를 사용하고 있으니 알아두자. 워터웨이 홀리데이Waterway Holidays 사에서도 전기 보트를 빌려준다. 공유경제에 동참할 겸 버로우 어 보트Borrow a Boat를 통해 보트를 빌려도 좋다.

로드 트립

작은 침대 하나와 캠핑용 스토브만 있으면 캠핑카를 타고 훌쩍 떠날 수 있다. 말만 들어도 자유, 모험, 야생을 떠올리게 하는 캠핑카 로드 트립은 환경에도 비교적 덜 해롭다. 자동차에서 지내면 호텔이나 다른 숙소에서 각종 편의시설을 이용할 때보다 탄소를 훨씬 덜 배출할 수 있기 때문이다.

　아직 많이 볼 수는 없지만, 전기 캠핑카도 이용할 수 있다. 영국에
서는 스푸트Spoot와 이덥eDub을 통해 캠핑용 전기차를 대여할 수 있
으며, 캠프투Camptoo에서는 개인이 소유한 모터홈이나 카라반을 빌
릴 수 있다.

　뉴질랜드에서는 브릿츠Britz를 통해 합리적인 가격으로 전기 RV
를 대여할 수 있다. 뉴질랜드 RV 대여업계를 주도하는 투어리즘 홀
딩스 리미티드THL: Tourism Holdings Limited도 친환경 사업에 힘쓰고 있
으며 '보존, 성장, 존중'이라는 운영 방침을 바탕으로 탄소 배출량을
줄이고 플라스틱 제품을 최대한 사용하지 않으면서 전기차를 이용
하기 위해 노력 중이다. 모든 차량에 텔레매틱스telematics(자동차와 무
선통신을 결합한 차량 인터넷―옮긴이) 시스템을 도입해 운전하는 동안
연료를 효율적으로 사용할 수 있도록 하고 있다. 또 여행객이 지역

사회에 보탬이 되도록 티아키 약속Tiaki Promise(뉴질랜드를 여행하는 동안 환경을 보호하고 보존할 것을 다짐하는 약속-옮긴이)를 안내해 여행지를 더 아끼는 마음으로 책임감 있게 행동하도록 돕고 있다.

로드 트립이 비행기보다 탄소 효율적이지 않을 수도 있다. 자동차 여행이 탄소 효율적인지는 차가 얼마나 신형이며, 몇 사람을 태우고 달리느냐에 달려 있고, 휘발유·경유·전기 중 어떤 연료를 사용하는지도 영향을 미친다.

카 셰어링 서비스를 사용하거나 자가용 대신 대중교통을 이용하고, 가능하면 걷거나 자전거를 타면 간단하게 도로에서 배출하는 탄소를 줄일 수 있다. 앱 리프트셰어Liftshare는 카풀 기회를 제공하며 파크포나잇park4night은 도시나 마을에서 캠핑카를 주차할 수 있는 장소를 알려준다. 이번 휴가철이 전기차를 시험하기에 좋은 기회가 될 수 있지 않을까?

자전거 및 도보 여행

오래전 순례자가 걸었다는 길을 따라 걸어도 좋고, 자전거를 타고 집 근처나 교외의 옛 철로를 따라 달려도 좋다. 땀 흘리며 앞으로 나아가는 단순한 여정 동안 그 어떤 여행에서보다 훨씬 보람을 느낄 수 있을 것이다. 전 세계의 멋진 풍경과 대륙, 나라를 가로지르는 하이킹로나 자전거 도로, 조용한 오솔길을 따라 걷거나 자전거를 탈 기회는 언제든 있다. 게다가 돈도 거의 들지 않는다.

산티아고의 까미노와 마추픽추에서 관광객들과 씨름하는 대신

파타고니아 엘시르퀴토El Circuito의 날씨와 싸워보거나, 도미니카 와이투쿠불리Waitukubuli 산맥의 하이킹로를 따라 정글을 체험하거나, 터키의 리키아 가도를 따라 잊혀진 유적지를 둘러보자. 다뉴브 강변의 자전거 전용 도로를 따라 달리며 중부 유럽을 느껴보거나, 캐나다 재스퍼에서 뉴멕시코까지 뻗은 록키산맥의 산악자전거 도로를 따라 대분수계를 발밑에 두고 달려볼 수 있다.

자전거나 도보 여행을 하면 건강에도 굉장히 도움이 된다. 자신에게 온전히 집중하며 맑은 공기를 마음껏 마실 수 있고 디지털 기기에서 멀어져 있는 동안 건강한 신체를 가꿀 수 있다. 흔히 생각하는 것과는 다르게 걷거나 자전거를 타고 여행하기 위해 미리 운동을 열심히 할 필요는 없다. 가벼운 마음으로 다니다 보면 점점 강해지는 체력을 느낄 수 있을 것이다.

함께 자연을 즐길 사람들을 모으는 지역 단체가 있는지 찾아보

자. 브리티쉬 필그리미지 트러스British Pilgrimage Trust는 영국 곳곳을 도보로 여행할 사람들을 모집한다. 사이클리스트들은 웜샤워Warm Showers 같은 웹사이트를 통해 자전거를 타고 함께 전 세계를 여행할 사람들을 모집한다. 이외에도 나이와 취향에 따라 자신이 원하는 여행을 찾을 방법은 많다.

인트래블Inn Travel에서는 유럽 전역의 소규모 지역 숙박업소를 이용하는 도보 배낭여행 일정을 소개하며, 인트레피드 트래블Intrepid Travel은 탄소를 덜 배출할 수 있도록 대중교통으로 전 세계의 하이킹로를 다니는 방법을 소개한다. 언디스커버드 마운틴Undiscovered Mountains은 알프스 여행 상품을 전문으로 다루며 어드벤처 얼터너티브Adventure Alternative는 20년간 전 세계의 친환경 트레킹 전문 여행사 관련 자료를 수집해온 여행사다.

가능하다면 여행 지역에 도움이 되도록 현지인이 운영하는 하이킹 상품을 찾아보자. G어드벤처와 파트너십 관계인 네팔의 사사네 시스터후드 트레킹 앤 트래블Sasane Sisterhood Trekking and Travel은 인신매매 피해자들을 오지 마을 트레킹 가이드로 고용함으로써 일자리를 제공하고 있으며, 빌리지 웨이즈Village Ways는 히말라야 전역의 등반로를 소개해 여러 지역 공동체에 활력을 불어넣는다.

사이클링 애호가를 위해 스키대들Skedaddle은 비행기를 타지 않고 영국을 여행하는 상품을 출시했다. 머치 베터 어드벤처Much Better Adventures에서도 알래스카에서 코스타리카까지 팔과 다리의 힘만으로 여행하는 방법을 소개한다. H+I어드벤처는 엔듀로 월드 시리즈Enduro World Series와 함께 포르투갈 섬 마데이라와 북이탈리아의 피날레 리구레 지역에서 산악자전거로 할 수 있는 여행 상품을 출시했다. 지속가능성을 우선으로 두고 수익의 70%는 해당 국가에 돌아가도록 개발되었다. KE어드벤처와 함께 자전거로 마다가스카르 하이랜드를 여행할 수도 있고, 슬로우 사이클리스트Slow Cyclists에서 출시한 르완다나 루마니아 등을 여행하는 상품도 관심을 가질만 하다.

어디에 묵을까

/

지속가능한 숙박업소를 찾을 때 참고할 수 있는 인증서와 캠페인, 상 종류는 수도 없이 많다. 각자 의미가 다르고, 상대적으로 더 가치 있는 인증이나 상이 있기는 하지만 기본 원칙만 잘 알고 있다면 개념 있는 호텔을 찾기가 어렵지 않을 것이다.

가장 지속가능한 장소는 지역에서 운영되는 소규모 숙박업체들이다. 산장이나 유스호스텔, 일꾼용 간이 숙소나 캠프장이 이런 숙소에 속하며, 친환경적이라고 해서 안락함을 포기할 필요는 없다. 세계에서 가장 고급스럽다고 알려진 숙박시설들도 친환경을 추구하기 위해 최첨단 친환경 기술과 야생 동물 보존, 지역 공동체에 투자하기 위한 방책을 마련하는 등 노력을 기울이고 있다.

또, '안락함'이란 무엇인지 다시 한 번 생각해보자. 몰디브에서 스웨덴산 블루베리와 러시아산 캐비어를 즐기려 한다면 호텔에서 탄소 상쇄를 위해 얼마나 힘쓰고 있든 지속가능한 여행을 하고 있다고 하기는 힘들다. 지속가능한 안락함은 여행지에서 멀리 떨어진 곳에서 실어나르는 것이 아니라 여행지 그 자체에서 찾을 수 있어야 한다.

친환경 호텔은 어떻게 생겼을까? 신도시의 예쁘게 잘 개조된 타운하우스든 외딴 지역의 가족 운영하는 농장집이든, 숙소가 친환경적인지는 보고 만질 수 있는 것이 아닌 사람들의 태도를 통해 알 수 있다. 종업원도 매니저도 소유주도 모두 만족하며 자랑스럽게 일할 수 있으면서 목적의식과 진실함, 열정을 바탕으로 운영되는 행복한 장소야말로 진짜 친환경 숙소라 할 수 있다.

지속가능한 숙박시설은 자신들의 비전을 공유하고 싶어 한다. 설교를 하거나 자신들이 하는 일을 과시하기보다는(휴일에 이런 소리를 듣고 싶어 하는 사람은 없겠지만) 자신들의 신조를 간단한 대화나 웰컴 노트, 즉흥적으로 숙소를 구경시켜준다든지 하는 간단한 절차를 통해 공유하려 할 것이다. 숙소를 떠날 때쯤 여러분도 할 수 있다는 용기를 얻을 수 있고, 나아가서는 마음가짐을 바꾸게 될 수도 있다.

이런 숙소를 찾는다면 다시 예전으로 돌아가지 않게 될 것이다. 이런 숙소들은 단순히 밤을 보낼 장소를 넘어 영감과 깨달음, 즐거움까지 제공하기 때문이다. 이런 호텔, 호스텔, 게스트하우스, 롯지들은 지속가능성을 위해 해야 할 일들을 단순히 수행하는 것을 넘어 사람과 장소를 변화시킨다.

재건축보다는 리모델링 된 숙소

환경을 얼마나 생각하고 얼마나 에너지 효율적으로 짓든, 새로 지은 호텔은 지속가능성과는 거리가 멀다. 자재를 운반하면서는 물론이고 건축 현장에서 발생하는 오수, 소음, 오염 물질들도 탄소를 배출한다. 되도록 기존 건물을 리모델링하거나 보수해서 활용하는 숙소를 찾아보자.

마라케시 메디나의 리아드 아나옐라Riad Anayela가 좋은 예다. 이리아드는 현지 장인 100명 이상이 직접 공들여 전통 건축 방식인 타데락트로 복원한 300년 된 건물에서 손님을 맞이하고 있다. 느린 방식을 선택한 결과는 바닥의 낡은 타일부터 문에 달린 은장식에 새겨진 고대 시구에 이르기까지 방 5개짜리 게스트하우스 곳곳에서 확인할 수 있다.

브라질의 레세르바 두 이비티포카Reserva do Ibitipoca에서는 사업가 겸 환경운동가 르나토 마샤두Renato Machado가 300년 된 농가 파젠다 두 인제뉴Fazenda do Engenho를 18세기 건축 방식을 사용해 부티크 호텔로 꾸몄다. 친환경 호텔을 통해 건물의 역사와 주변 생태계를 보존하면서 지역 기술자를 고용해 전통기술이 사용될 기회까지 만든 셈이다.

자연환경과 경치, 지역 공동체를 세심하게 고려해 해로운 영향을 최소화하는 기술을 활용한 숙소를 고를 수도 있다. 파타고니아의 에코캠프EcoCamp는 세계 최초로 지오데식geodesic 돔(108쪽 사진 참조) 숙소를 선보였다. 주변보다 높게 바닥을 깔고 자연광을 활용하도록

설계되었으며 태양열판, 단열재, 재생 가능한 자재들을 사용했다. 이 숙소에 머무르는 여행객은 초현실적인 주변 경치 속에서 환경에 해를 끼치지 않으며 칠레의 하늘을 마음껏 감상하다 잠들 수 있다.

자연과 함께하는 섬세한 디자인

모로코의 카스바 두 투브칼Kasbah du Toubkal(옆 페이지 사진 참조)의 고성은 그 뒤로 펼쳐진 산만큼이나 웅장한데 마치 원래부터 그 자리에 있던 것처럼 보일 정도로 고원의 자연과 아주 잘 어우러진다. 사실 이 성의 대부분이 지어진 지 20년이 채 안 되었다. 남아프리카 공화국의 사비샌즈 야생 동물 보호구역Sabi Sands Game Reserve에서는 땅

속에 어스 로지Earth Lodge를 꾸몄다. 객실 천장 위로 코끼리와 사자가 다니기도 하고, 50m 이상 가까이 가지 않으면 숙소가 있는지조차 구분하기 힘들다. 이처럼 미적 요소와 환경을 모두 고려한 건물은 주변 경관과 지역의 유산을 지키고 관광객과 현지인 사이의 장벽을 허무는 데도 도움이 된다.

건물이나 구조물은 지역 공동체가 원하는 방향으로 설계되어야 한다. 그래야 자연과 문화유산이 해를 입지 않고 발전할 수 있다. 그리스 산간마을 자고리Zagori에 있는 아리스티 마운틴 리조트 앤 빌라Aristi Mountain Resort & Villas의 경영진은 리조트 객실을 주변 마을 집들과 비슷하게 설계했다. 리조트 전체에 지역에서 구할 수 있는 돌과 나무를 사용하고 창문 크기도 제한했으며, 객실 사이에는 예쁜 산책로와 정원을 조성해 주변 경관과 잘 어우러지도록 했다.

환경친화적인 디자인은 에너지 효율을 높이고 쓰레기를 줄이면서 생물 다양성까지 보장할 수 있다. 환경에 미치는 영향이 적은 전통적인 건축 방식이 가장 효율적일 때가 많다. 인도네시아 니코이섬 Nikoi Island의 로지와 빌라들은 지역에서 나는 알랑알랑 풀을 사용해 지어졌는데, 섬의 기후와 잘 맞는 건축 방식이다. 탄자니아 춤브 Chumbe섬의 개방형 빌라들은 자연 바람을 최대한 활용할 수 있게 배치되어 에어컨이 따로 필요 없을 정도다.

수영장도 친환경으로 설계할 수 있다. 천연 해수 수영장을 만들면 담수 사용을 줄일 수 있고 콘크리트를 아예 사용하지 않는 천연 수영장은 에너지를 아끼고 화학 약품을 사용하지 않아서 야생 동물을 보존하는 데 도움이 된다. 피부에 좋은 것은 말할 것도 없다. 오스트리아에는 이런 수영장이 아주 많아서 1980년대에 슈빔타이체 schwimmteiche('수영'과 '웅덩이'라는 말을 합쳐 만든 합성어—옮긴이)가 새로 생기기도 했다. 가장 친환경적인 숙소로 꼽히는 이비자의 칸 마르티 아그로투리스모에서는 갈대밭을 활용해 정화한 물을 사용한다.

벤 펀돌 <호텔라이프> 창립자

벤 펀돌Ben Pundole은 온라인 여행 잡지 〈호텔라이프A Hotel Life〉의 편집장으로 '플라스틱 없는 숙소Stay Plastic Free' 이니셔티브를 시작해 호텔들이 일회용 플라스틱을 사용하지 않도록 권장하고 있다.

지속가능 여행의 다음 단계는 무엇일까요?

자신과 환경에 미치는 영향을 바탕으로 합리적인 가격을 매기는 진보적인 여행자들의 시대가 올 것입니다. 그렇기 때문에 인증 기준을 마련해야 한다고 생각합니다. 숙소가 얼마만큼 지속가능성을 생각하고 환경에 미치는 영향에 책임을 지는지 판단할 기준이 있어야 합니다. 호텔과 항공사가 채식 위주의 식단을 제공하고 제로웨이스트를 위해 노력하는지, 플라스틱을 얼마나 덜 사용하고, 재생 에너지를 얼마나 많이 활용하는지, 환경에 해로운 영향을 덜 주는지와 지역 공동체를 위한 프로그램을 운영하는지를 바탕으로 평가받게 될 것입니다.

지속가능한 미래를 꿈꿀 때 가장 힘이 되는 것은 무엇인가요?

기업이 더 나은 방식으로 운영되길 기대하는 사람들이 많아져서 그러지 못하는 기업은 앞날이 어둡게 되었지요. 기업들이 변화하기 위해 노력하는 모습을 보게 되어 기쁩니다.

지속가능 여행을 하려는 사람들에게 하고 싶은 조언이 있나요?

먼저 어떻게 여행할지 생각해보세요. 꼭 비행기를 타야 하는지, 가장 효율적인 경로는 무엇인지 생각해보아야 합니다. 꼭 필요하다고 생각하는 물건도 다시 따져보세요. 재사용 가능한 물통이나 여행용 포크, 스푼 같은 물건들을 챙겨보면 어떨까요? 매일 새 침대보나 수건을 사용할 필요는 없지 않을까요? 개인 세면용품을 챙겨 다니고, 채소 위주로 지역에서 나는 계절 음식을 먹어 보세요. 처음에는 어색하지만, 곧 몸에 배어 자연스러워집니다.

에너지 효율

캠핑 텐트나 농장 오두막에서 머무르는 것 말고 가장 효율적으로 에너지를 사용하면서 하룻밤을 보내는 방법은 소규모 숙소일 때가 많다.

재생 에너지를 사용하거나 에너지 절약 목표를 세우고 효율적으로 에너지를 사용하는 숙소를 찾아보자. 친환경 온도 조절기가 설치되어 있거나 단열재를 충분히 사용해 지어졌거나 LED 전등을 사용하는 숙소들을 찾으면 된다.

간단하게 태양열 전지판을 설치해 문제를 해결할 수 있는 나라도 있다. 몰디브의 피놀루 빌라Finolhu villas는 태양열 에너지만으로 전력을 공급한다. 카리브해의 부쿠티 앤 타라 비치 리조트Bucuti & Tara Beach Resort에서도 태양열 전지판을 600개 이상 설치해 1년 만에 외부에서 공급받는 전력량을 15% 줄였다. 현재는 거의 100%에 가까운 전력을 재생 에너지를 통해 얻고 있다. 다른 숙소에서도 여러 가지 지속가능한 방법들을 동원하고 있다. 영국의 위트랜드 팜 Wheatland Farm은 전력은 풍력 발전용 터빈을, 온수는 태양열을 활용해 공급하며 예비 전력은 청정에너지 공급 업체인 굿에너지Good Energy사에서 얻는다.

재생 가능한 에너지를 주 전력 공급원으로 사용하는 스웨덴, 스코틀랜드, 코스타리카 같은 나라에서는 화석 연료에 의존하는 나라에서보다 숙소가 자체적으로 생산한 전력을 사용하는지 까다롭게 따지지 않아도 된다. '오지' 여행을 하더라도 화석 에너지가 꽤 많이

드는 자가 발전기에 의존하게 될 수도 있고, '탄소 중립' 숙소라고 광고하는 호텔이 탄소 상쇄로 중립을 실천하고 있을지도 모르니 꼼꼼하게 따져보자.

리조트와 호텔에서 지속가능한 혁신을 주도할 수도 있다. 프랑스령 폴리네시아의 럭셔리 리조트인 브랜도Brando는 세계 최초로 해수 냉난방 시스템SWAC을 도입했다. 이 시스템은 깊은 바다의 찬물을 사용해 호텔 내부 공기를 차게 식힌다. 영국의 와틀리 매너 호텔 앤 스파Whatley Manor Hotel & Spa에서는 세계 최초로 쓰레기로 전기를 생산하는 기계를 시험할 예정이다.

에너지를 얼마나 덜 사용했는지 측정하는 방법과 에너지 절약 목표는 '에너지를 감소하기 위해 노력합니다' 같은 말보다 구체적이어야 한다. 가족 경영 숙소인 영국의 카비스 베이 호텔Carbis Bay Hotel & Estate은 숙소에 '에너지 센터'를 설치해 태양열로 전력을 생산하고 끊

지속가능한 여행을 하고 있습니다

김 없이 온수도 공급한다. 그 덕분에 가스보일러 12대를 사용할 필요가 없게 되었다.

쓰레기 없애기

지금도 플라스틱 쓰레기 5조 2,500점이 바다 위를 떠다니고 있으며 이런 쓰레기 때문에 목숨을 잃는 해양 동물이 매년 10만 마리나 된다고 한다. 직접 쓰레기가 떠다니는 바다 위를 지나 본 적이 있을 수도 있고, 데이비드 애튼버러의 다큐멘터리 〈하나뿐인 지구One Planet〉를 봤을 수도 있다. 어쨌든 지구가 플라스틱 문제 때문에 고통 받고 있다는 사실을 모르는 사람은 거의 없다.

호텔을 비롯한 숙박시설에서는 일반 가정보다 쓰레기가 2배나 더 발생한다. 트래블 위드아웃 플라스틱Travel Without Plastic의 창립자 조 헨드릭스Jo Hendrix는, 그의 표현을 빌리자면 "스티로폼 투성이 호텔 조식"을 경험한 후 "중간 규모의 호텔에서 아침 식사용 도구와 그릇 등으로 매년 40만 종류에 달하는 플라스틱 매립 쓰레기를 배출한다"는 사실에 관심을 가지게 되었다고 한다.

여행자도 변화해야 하겠지만 호텔(여행사와 여행 지역도 마찬가지로)에서는 훨씬 더 노력해야 한다. 플라스틱 빨대 사용을 금지하고 일회용 어메니티 대신 재사용 가능 용기를 사용하는 차원을 넘어서야 한다. 객실뿐만 아니라 보이지 않는 구역에서도, 유통 과정에서도 플라스틱을 사용하지 않으려고 노력하는 호텔들을 찾아보자.

중앙아메리카 전역에서 여유롭고 친근한 분위기의 로지와 호텔을 운영하는 카유가 컬렉션Cayuga Collection은 쓰레기를 줄이기 위해 공급 업체와 협력한다. 연쇄적인 효과는 엄청나다. 맥주 공급 업체는 재활용 방안을 마련하기 시작했고, 채소 공급 업체는 플라스틱 포장재를 사용하지 않게 되었다. 중앙아메리카의 남쪽, 콜롬비아 티에라붐바 섬에는 친환경 비치 리조트인 블루 애플Blue Apple이 있다. 창립자 포르샤 하트Portia Heart는 호텔에서 배출하는 쓰레기의 영향을 깨닫고 콜롬비아 해안 지역 최초로 유리 재활용 시설을 지었다. 도시를 돌며 술집과 호텔에서 유리를 수거할 때도 전기 트롤리를 사용해 긍정적인 영향을 극대화하고 있다.

물론 플라스틱이나 유리 쓰레기 말고도 문제는 더 있다. 전 세계에서 만들어지는 음식의 자그마치 3분의 1이 버려지며, 버려진 음식은 대부분 매립지로 가서 대기 중에 메탄가스를 방출하는 신세가 된다. 세계자연기금에 따르면 온실가스의 8~10%는 음식물 쓰레기 때문에 발생한다고 한다.

음식물 쓰레기는 무한 리필 뷔페나 계절에 구애받지 않는 메뉴를 다양하게 제공하는 식당 때문에 특히 많이 발생한다. 버려지는 음식을 줄이려면 숙박시설에서 지역 농산물과 계절 식자재를 활용한 메뉴를 제공하고 1인분의 적정량을 책정해 필요한 재료의 양을 파악해야 한다. 고객들은 아쉬워하겠지만 뷔페식 아침 식사를 포기하면 더 좋다.

큰 호텔 그룹들은 음식물 쓰레기를 연간 수천 킬로그램 줄여주는 음식물 쓰레기 추적 기술을 도입했다. 메리어트Marriott 호텔에서는 2025년까지 음식물 쓰레기를 50% 줄이겠다고 공표했으며 아코르_{Accor} 그룹에서도 '음식물 쓰레기 줄이기_{Too Good to Waste}' 캠페인을 시작했다. 런던의 듀크스_{Dukes} 호텔은 '음식을 존중하고 남기지 않기_{Respect Everything, Waste Nothing}'라는 이름으로 새로운 테이스팅 메뉴를 출시했으며, 도싯_{Dorset} 지역의 서머로지 컨트리 하우스 호텔_{Summer Lodge Country House Hotel}은 남은 재료를 활용한 요리법을 알려주는 요리 수업 프로그램을 제공한다.

가장 주목할만한 숙박업소는 식품 생산 및 소비 구조의 악순환을 끊는 곳들이다. 이들은 음식 재료를 직접 기르고 음식 쓰레기는 혐기성 소화처리기(쓰레기를 미생물로 분해시켜 자원으로 만드는 장치-옮긴이)를 통해 에너지를 얻는 데 사용하면서 아예 쓰레기를 만들지 않는다. 페루의 친환경 기업인 잉카테라_{Inkaterra}에서는 생분해 가능한 쓰레기를 바이오차(바이오매스와 숯을 활용한 토양개선제-옮긴이) 비료로 만든다. 코스타리카의 라파 리오스 레인포레스트 롯지_{Lapa Rios Rainforest Lodge}에서는 투숙객이 남긴 음식을 돼지 먹이로 사용하며, 런던의 스트랫퍼드 지역은 페일 그린 도트_{Pale Green Dot}사와 파트너십을 맺고 레스토랑과 농장을 연결해 퇴비화시킨 음식물 쓰레기와 싱싱한 과일 및 채소를 맞교환하는 프로그램을 운영한다.

물 아끼기

2030년까지 물 수요가 공급 가능한 양보다 40%나 많아진다고 한다. 현재 식수가 제대로 공급되지 않는 지역에 사는 인구는 10억 명 정도이지만, 2030년이 되면 전 세계 인구의 절반이 물이 귀한 지역에서 살게 된다고도 한다.

지속가능성을 추구하는 호텔이나 숙소에서는 지역 공동체와 주변 환경을 우선으로 두고 물 부족 문제에 관심을 쏟고 있다. 골프장에 물을 주면 주변 지역에 공급할 물이 모자라지는 않을지, 마실 물이 모자란 지역에서 호텔 수영장을 7개나 만들어도 될지 마땅히 따져봐야 한다.

케이프타운에서는 다른 어느 곳보다 물 부족 문제를 피부로 느끼고 있다. 2018년, 도시에 물을 공급하는 저수지가 가뭄으로 마르자 도시가 거의 멈췄고, 물 사용을 완전히 차단하는 '데이 제로Day Zero'를 시행하겠다고 선언했던 과거가 있기 때문이다. 그 전 몇 년 동안 빈야드 호텔Vineyard Hotel과 같은 친환경 선구자들은 샤워 타이머를 사용하고, 욕조 마개 대신 귀여운 노란색 오리를 비치해(프런트 데스크에 요청해 욕조 마개를 받을 수도 있다) 반신욕 전에 한 번 더 생각하게 만드는 등 투숙객의 인식을 개선하기 위해 노력했다. 뭄바이의 오키드Orchid 호텔에서는 건물 옥상에 폐수처리장을 설치하고 여기에서 얻은 물을 정원을 가꾸는 데 사용하며, 태국의 비치 리조트 소네바 키리Soneva Kiri에서는 건기에도 물을 공급할 수 있도록 저수지와 깊은 우물을 마련했다.

카타르나 레바논, 보츠와나, 인도 역시 물이 부족한 국가들이다. 발리 서부 지역이나 미국의 서해안 지역, 호주 대륙의 중심 지역에서도 서서히 물 부족 문제가 드러나고 있다. 물 절약 방안이 없는 호텔이나 리조트는 물 부족 문제뿐만 아니라 다른 환경 문제도 함께 외면하는 중일 가능성이 크다. 물을 아끼는 간단한 방법으로는 빗

물을 모으거나, 토양의 수분을 저장하고 물을 많이 줄 필요가 없는 토착종 식물을 기르고, 중수도(한 번 사용한 수돗물을 재활용할 수 있도록 다시 처리하는 시설-옮긴이) 시스템을 구축할 수도 있다.

지역 식음료 즐기기

'여행자가 알아야 하는 탄소 이해하기(35~59쪽)'에서 살펴본 것처럼 식품을 생산할 때는 물론, 와인이나 아보카도 같은 식품을 세계 각지로 나를 때도 탄소가 발생한다. 그래서 음식은 휴가철 탄소 배출량을 늘리는 데 큰 역할을 한다. 집약적 농업(비료, 식물생장조절제, 살충제를 집중적으로 사용하여 같은 면적에서 최대의 수익을 얻는 농법-옮긴이)으로 생산한 식자재를 사용하면 여러 가지 다른 문제가 발생하는데, 예를 들면 토양이 살충제에 오염되거나 물이 부족해지며 토양 질이 나빠지고 노동권이 저하되며 동물 복지가 나빠진다. 게다가 이런 농법은 지역 경제에도 크게 도움이 되지 않는다. 환경을 생각한다면 '세계 어디에서든 먹고 싶은 음식을 먹을 수 있도록 하겠다'는 사고방식으로 식품을 생산하고 유통해서는 안 된다.

지속가능성을 추구하는 숙소들은 식자재를 직접 기르거나(토양과 야생 동물에 피해를 덜 주는 노디그no-dig 또는 영속농법으로 재배하는 곳을 찾으면 더 좋다) 식자재가 운반되는 거리를 제한하며, 비건 또는 채식 위주의 식단을 제공하거나 엄격한 유기농 인증을 받은 식자재만 사용하고, 야생 동물에 피해가 가지 않도록 생산된 육류를 버리는 부분 없이 모두 사용한다. 생선은 국제 해양관리협의회Marine

Stewardship Council의 인증을 받고, 달걀과 닭고기도 유기농 방식으로 생산된 제품을 이용하며, 다른 재료들도 공정무역협회와 토양협회 인증을 받은 제품을 선택한다.

물론 음식을 먹을 때마다 인증을 받았는지 하나하나 따지기는 힘들지만, 지속가능한 방식으로 생산되는 식자재도 있다는 사실을 알고 있으면 도움이 된다. 이런 방식을 제안했을 때, 책임감 있으면서 환경을 생각하는 주방장이나 레스토랑이라면 귀담아들으려 할 것이다.

사오르사 1875Saorsa 1875는 영국 최초의 비건 호텔로 수박 사시미, 해기스(양의 내장으로 만든 순대 비슷한 스코틀랜드 음식−옮긴이)를 재해석한 음식 등을 제공하며, 프랑스 북부의 페르쉐 덩 르 페슈Perché dans Le Perche, 컨트리 로지Country Lodge에서는 지역 유기농장과 유기농 제조업체에서 생산한 특산품으로 채운 바구니를 판매한다. 칠레의 & 비욘드 비라 비라&Beyond Vira Vira 리조트에서는 지역 생산자를 돕고 플라스틱 쓰레기도 줄이기 위해 우유, 밀가루, 묘목 등을 사서 치즈나 빵을 직접 만들고 채소도 직접 기른다.

인도네시아의 작은 섬인 니코이섬과 쎔페닥섬의 리조트들은 근처 빈탄섬에 7헥타르의 공동 영속농장을 마련해 좁은 공간의 한계를 뛰어넘었다. 지역 주민들은 새로 생긴 농장에서 영속 농법 원칙을 배우고, 리조트는 필요한 식자재의 90%를 농장에서 얻을 수 있다.

음료도 마찬가지다. 지역에서 나는 재료로 만든 제품을 마시자. 세계적인 기업에서 만든 익숙한 음료보다는 지역 주민이 직접 만든 시럽을 넣은 음료나 지역에서 나는 과일로 만든 주스를 마셔보고,

생물 역학 농법(생물체 간의 유기적인 영향을 조사해 건강한 생태계를 유지하는 방식으로 작물을 재배하는 농법-옮긴이) 또는 유기농법으로 재배한 포도로 만든 와인이나 소규모 양조장에서 만든 음료를 맛보자. 모리셔스의 솔트 오브 팔마 호텔SALT of Palmar은 럼을 직접 만드는 지역 주민과 투숙객을 연결해 홈메이드 럼을 맛볼 기회를 제공하고, 포도밭 관광 예약 사이트인 와인 셀러 도어Wine Celler Door에서는 영국의 포도밭에서 숙박을 할 수 있는 상품을 찾을 수도 있다. 호텔, 레스토랑, 카페에서 수거한 남은 빵으로 맥주를 만드는 영국 기업 토스트 에일Toast Ale처럼 획기적인 방법으로 음식 쓰레기를 처리하는 기업들을 찾아봐도 좋다.

사람과 지역 공동체 키우기

접대라는 개념은 '집에서 멀리 떠나온 사람에게 보이는 관용과 배려'를 의미하는 고대 그리스어 '제니아xenia'에서 시작되었다. 지속가능한 숙소가 되려면 주변 사람들에게도 관심을 가져야 한다. 관광 산업은 전 세계 일자리의 10분의 1을 책임지고 있는데, 관광 산업으로 얻는 경제적인 이득은 일자리와 수입이 가장 필요한 사람에게 돌아가야 한다.

'책임감 있는 고용'이란 직원의 70% 이상을 현지인으로 고용하거나, 사회적 기업과 협력하거나, 소외된 계층에 일자리를 제공하는 방안을 실천하는 고용 방법을 의미한다.

스리랑카의 정글 비치 바이 우가 이스케이프Jungle Beach by Uga Escape에서는 이스트 코스트 여성 역량 강화 프로젝트East Coast

Women's Empowerment Project를 통해 전쟁 미망인을 교육해 리조트의 세탁실 운영 담당 직원으로 고용한다. 이스트런던의 굿 호텔Good Hotel에서는 지역 실업자를 위한 훈련 프로그램을 운영하고 있다(옆 페이지 참조). 새라 호스피탈리티Saira Hospitality 프로그램은 여행지의 현지인들에게 단기 호텔 접객 훈련을 제공하며, 독일의 친환경 호텔 란트구트 슈투버Landgut Stober는 브란덴부르크 최초로 난민 대상 직업 교육을 실시했다.

인도네시아 숨바섬의 숨바 호스피탈리티 재단Sumba Hospitality Foundation은 이보다 한 걸음 더 나아가 지역 공동체를 교육하고 희망을 전하기 위해 존재한다. 재단에서 운영하는 마링기 에코 리조트는 섬에서 가장 지속가능한 숙소일 뿐 아니라 관광 산업을 통해 얻는 혜택이 주민에게 돌아갈 수 있도록 직업 훈련을 제공하는 실습장이기도 하다.

고링 호텔Goring Hotel과 노숙자 지원 단체인 패시지Passage가 함께 설립한 호텔 스쿨The Hotel School이나, 전 세계 소외계층 청소년에게 호텔 접객서비스 훈련이나 식음료 서비스 교육을 제공하는 커리어 이니셔티브Youth Career Initiative도 지역 공동체에 선한 영향을 미치는 좋은 예다. 이런 방식으로 일자리를 얻은 사람들은 더 헌신적으로 충성을 다해 일하는 경우가 많다. 책임감 있는 채용을 통해 고객에게도 더 좋은 서비스를 제공할 수 있다는 뜻이다.

지속가능성을 추구하는 숙소라면 직원 복지에도 신경 써야 한다. 충분히 생계를 유지할 수 있을 정도로 임금을 지불하고, 인력사무소를 통해 직원을 고용하지 않으면서(현대판 노예가 되거나 인권을 묵살

당하기 쉽기 때문에), 인권유린, 노동착취, 인신매매를 막을 엄격한 정책도 갖춰야 한다. 또한 직원들의 행복이 무시되지 않아야 하며 적절한 교육과 생활공간, 건강 프로그램과 건강한 식사도 제공되어야 한다.

지역 공동체를 지원하기로 했다면 올바른 채용 방식을 도입하는 데서 끝나서는 안 된다. 영국 요크셔 지방의 트라독Traddock 호텔에서는 재활용을 통해 거둔 이익을 지역 공용 수영장을 운영하는 데 사용한다. 스코틀랜드의 친환경 캠프장 겸 농장인 컴리에 크로프트 Comrie Croft는 주변 마을을 돕기 위해 1년에 한 번 산악자전거 축제를 개최한다. 탄자니아의 춤브섬에서는 환경 교육 프로그램을 운영하면서 매년 학생 300명을 초대해 산호초 보호나 지속가능한 어업에 대해 가르친다.

미국 체인인 에이스 호텔Ace Hotel은 거의 처음으로 지역 공동체를 돕는 프로그램을 마련하고 실천한 기업이다. 시카고에 호텔을 처음 개장했을 때 객실 판매 수익금을 시카고에 있는 문화 예술 센터와 청소년 문맹 퇴치 프로그램에 기부했으며, 현재는 음악 예술가의 생활 수준과 급여를 개선하고 지역 공동체를 위한 자율 부담금을 더해 객실 요금을 매기고 있다.

생물 다양성 개선하기

생물 다양성을 보존하기 위해 우리 모두 노력해야 하며, 고층 호텔이든 친환경 리조트든 숙박업소라면 특히 관심을 가져야 한다.

영국의 넵 캐슬 에스테이트Knepp Castle Estate에서는 투숙객이 지역 식물과 동물에 대해 배울 수 있도록 '사파리' 투어를 제공하며 영국 전역에서 리와일딩rewilding(생태계를 인간 개입 이전의 상태로 돌리기 위해 노력하는 환경 보호 활동-옮긴이)을 위해 힘쓰고 있다. 이 숙소의 소유 주는 '영국 전체 산림 면적을 5%에서 15%로 늘려야 한다'는 운동이 시작되는 데 영향을 끼치기도 했다.

웨일즈 지방의 올드 랜드Old Lands에서는 헛간을 개조한 콘도식 독채를 마련해 야생 동물 보호단체인 그웬트 와일드라이프 트러스트 Gwent Wildlife Trust를 지지하는 동시에 투숙객도 받고 있다. 야생 동물 친화적인 농법을 사용해 작물을 재배한 덕분에 2019년에는 약 10만 평 규모의 부지에서 식물, 동물, 균상종을 포함해 3,000종이 서식하게 되었다.

호텔 정원 또한 야생 동물에게 도움이 되도록 꾸며질 수 있다. 독일 블랙 포레스트 지역의 슈바르츠발트 파노라마Schwarzwald Panorama는 호텔 소유인 야생화 초원에 벌집, 곤충 호텔, 새집을 만들고 야생 동물 생태계를 보존하고 있다.

미국 콜로라도의 배저 크릭 랜치Badger Creek Ranch는 지역 주민들이 소 농장을 환경 친화적인 방식으로 바꾸도록 앞장서서 지원하고 있고, 몰디브의 식스 센시스 라무Six Senses Laamu에서는 중요한 탄소 흡수체이자 바다거북 같은 멸종 위기종의 서식지인 해초밭 수만 킬로미터를 보호하기 위해 노력하고 있다(다른 숙소에서는 일부러 제거하기도 한다).

도시를 여행하고자 한다면 환경친화적으로 운영하는 숙소를 찾아보거나, 트리즈 포 시티즈Trees for Cities 같은 환경보호단체에서 공기질과 생물 다양성을 개선하기 위해 만든 제도를 적용하는 숙소를 찾아보자. 예를 들어, 브뤼셀의 복잡한 도심에 있는 톤 호텔 EUThon Hotel EU는 지붕에 잔디와 라벤더를 심어 곤충과 벌 생태계를 보호한다. 파크로얄 컬렉션 피커링 인 싱가포르Parkroyal Collection Pickering in Singapore는 곡선으로 아름답게 꾸며진 공중 정원과 폭포, 초록색 벽으로 유명하다.

> **잠시 멈춰 생각해보기: 에어비앤비**
>
> 경제정책협회Economic Policy Institute가 2019년 발표한 보고서에 따르면 미국 여러 도시에서 "에어비앤비Airbnb로 인해 주거비용이 증가하고 있다"고 한다. 유럽 현지인들과 각국 정부도 여행용 민박 서비스 때문에 임대료가 오르고 주거 공간이 부족해졌으며 도시 특색마저 없어지고 있다며 입을 모아 비난한다. 공유경제를 지향하는 다른 실리콘 밸리식 서비스처럼, 에어비앤비도 처음에는 기업형 호텔보다 공유경제를 활용한 숙소가 비용도 덜 들고 훨씬 지속가능하다는 점을 활용해 좋은 영향을 끼치는 듯했다. 하지만 문제점이 드러나기 시작했다. 게스트하우스나 호스텔, 호텔 또는 민박과는 달리 에어비앤비는 정부의 각종 규제를 피하기가 쉽다. 에어비앤비의 대안으로는 주택을 바꿔 지낼 수 있도록 중개하는 러브 홈 스왑Love Home Swap이나 페어비앤비Fairbnb 같은 비영리 플랫폼이 있으며 이런 플랫폼들은 지역 사회와 주거 환경에 해를 끼치지 않도록 제한을 두고 운영된다. 만약 에어비앤비를 이용하게 된다면 실제로 거주하는 사람이 있는 숙소를 선택하자. 예약할 수 있는 날짜가 얼마나 있는지 찾아보면 실제로 사람이 사는 집인지 알아보는 데 도움이 된다.

친환경 호텔 알아보기

지속가능한 여행이 트렌드가 되면서 말로만 친환경을 추구하는 쪽과 실제로 실천하는 쪽을 구별하기가 어려워졌다. 앞에 소개한 정보들을 참고하면 어떤 숙소에 묵을지 결정할 수 있을 것이다. 에너지와 물 절약 목표가 있고, 지역 식자재를 사용하면서 현지인을 고용하고, 필요한 물품을 지역에서 구하면서 문화유산과 자연환경을 보존하기 위해 실제로 행동하는 숙소를 고르면 된다. 호텔이나 숙박업소 웹사이트에서 정보를 찾을 수 없다면 만족스러운 답을 얻을

때까지 질문하자. 만약 숙소에서 제대로 된 답을 주지 못한다면 지속가능성을 염두에 두지 않는다는 의미일 수 있다. 이럴 때는 그냥 본능을 따르자.

숙소 웹사이트에만 의존하기보다 보도자료를 찾아보면 좋다. 지속가능성이 주목받고 있어서 좋은 예시가 될 만한 장소가 있다면 기사로 보도되었을 가능성이 크다. 지속가능성 목표와 성과를 찾기 위해 모든 방법을 동원해보자. 인스타그램이나 페이스북 페이지에 참고할만한 정보가 있는지, 수상 경력이 있는지, 호텔 객실과 시설에 관한 정보와 함께 지속가능성을 언급하는지 살펴보자. 환경친화적인 정책을 펼쳐온 숙소라면 어떤 지속가능한 방식으로 서비스를 개선했는지 자랑스럽게 이야기할 것이다.

친환경적 숙소인지 파악하는 다른 방법은 믿을만한 인증을 받았는지 보는 것이다. 지속가능성을 판단할 수 있는 기준이라기보다 마케팅 수단과 다름없는 인증이 있으니 조사를 꼼꼼히 하자. 인증 개수만 200개가 넘기 때문에 여기에서 모든 인증에 대한 좋은 점과 나쁜 점을 요약할 수는 없다. 현장 평가를 거쳐야 받을 수 있는 인증이나 GSTC(국제지속관광위원회)의 승인을 받은 인증이라면 신뢰할 만하다.

북디퍼런트Bookdifferent, 키와노Kiwano, 그린펄Green Pearls, 에코비앤비Ecobnb 같은 친환경 호텔 예약 사이트를 통해 에너지, 쓰레기, 물, 지역 공동체와 생태계에 집중하면서 책임감 있는 방식으로 직원을 채용하는 숙소를 찾아볼 수도 있다. 상당한 수수료를 챙기는 대형 호텔 예약 사이트를 이용하는 대신 숙소로 직접 연락해 예약하자. 어쩌면 더 환영받을 수도 있다.

랜디 더밴드 국제지속관광위원회 CEO

국제지속관광위원회Global Sustainable Tourism Council는 여행 및 관광업계를 위한 지속가능성 인증기관으로 가치, 중립성과 국제 기준에 대한 순응도를 평가한다.

지속가능 여행의 다음 단계는 무엇일까요?

여행 방식을 지속가능하게 바꿔야 한다는 인식이 더 널리 퍼져야 합니다. 실제로는 아무도 방문하지 않을 친환경 트리하우스를 마음속에서 지워버리세요. 지속가능성은 대세가 되어야 하고, 사람들이 많이 찾는 여행지는 도시이지 트리하우스가 아닙니다. 휴가나 출장 때뿐만이 아니라 일상의 모든 행동을 지속가능한 방식으로 바꿔야 합니다. 지구는 여러 방면으로 중대한 위기에 빠져 있고, 우리 모두 지금 당장 행동해야 합니다.

지속가능한 미래를 꿈꿀 때 가장 힘이 되는 것은 무엇인가요?

전 세계를 다니며 강연을 하였는데, 곳곳을 다니는 동안 희망을 느꼈던 두 가지가 있습니다. 첫째로 어디를 방문하든 35세 미만 청년들에게서 실천하려는 의지가 보였습니다. 둘째로 지난 1년 반 동안 모든 연령층과 나라에서 말로만 이야기하던 것들을 드디어 행동으로 옮기기 시작했다는 것입니다.

지속가능 여행을 하려는 사람들에게 하고 싶은 조언이 있나요?

비행기를 타게 되더라도 너무 자책할 필요는 없습니다. 다만 최대한 적게, 꼭 필요할 때만 이용하고 깨끗한 에너지를 사용하는 기종을 고르세요. 환경에 보탬이 되고 싶어 하는 여행자는 72%인데 실제로 실천하는 사람은 1%뿐이라고 합니다. 실천하세요!

짐은 어떻게 쌀까

여행이나 탐험을 떠나기 전, 필요한 물건을 사고 짐을 싸면서 유용하게 참고할 수 있는 R로 시작하는 가이드 3개가 있다. 포장재와 소비를 줄이고Reduce, 물건과 포장재를 재사용Reuse하고, 여정을 떠나기 전 쓰레기 분리배출을 통해 재활용Recycle하는 것이다. 새로운 물건을 산다면 오래 쓸 수 있는 내구성 좋은 물건을 고르자. 지속가능성을 추구하는 제조업체에서는 사후 보증이나 수리 서비스를 제공하기도 한다.

비행기를 타게 되면 이착륙하는 동안 배출되는 탄소량을 최대한 줄일 수 있도록 가방을 최대한 가볍게 싸야 한다. 챙겨가지 않아도 목적지에서 구할 수 있는 물건을 생각해보자. 탄소 배출도 줄이고 지역 경제에 도움이 되며, 쓸데없는 물건 대신 꼭 필요한 물건을 사면서 쇼핑하고 싶은 욕구를 채울 수도 있다.

지속가능한 패션

항공이나 운수 산업보다 패션 산업에서 훨씬 탄소를 많이 배출한다. 휴가 기분을 내기 위해 장만한 옷이 지구에 피해가 된다는 사실을 기억하자.

지속가능성을 생각하기로 했다면 B 코퍼레이션B-Corporation 인증(세계에서 가장 널리 쓰이는 지속가능한 비즈니스 인증)을 받은 기업의 제품들을 이용하면 좋다. 파타고니아, 피니스터, 애틀레타 같은 브랜드를 이용해보자. 재활용 플라스틱 소재로 수영복을 만드는 바코토 같은 혁신적인 기업들도 있다. 웹사이트 포지티브 럭셔리Positive Luxury에서는 쇼핑하고 구매할 때 참고할 수 있는 지속가능한 브랜드 리스트를 만들기도 했다.

이보다 좋은 방법은 중고 물품을 이용하는 것이다. 친구에게 빌리거나 중고 물품점 또는 중고품 자선상점을 찾아보자. 빈티드Vinted, 스웬시Swency, 스웁트Swooped 같은 앱들은 사용자들끼리 중고 의류를 맞교환하거나 구매할 수 있도록 만들어진 앱이다. 전문 여행사 컨티키Contiki는 최근 #LoveNotLandfill 캠페인과 함께 여행 의류를 교환할 수 있는 이벤트를 열었다. 첫 번째 이벤트에서만 쓰레기 매립지로 갈 뻔했던 의류 1,700점이 새 주인을 찾았다.

플라스틱 없이 여행하기

플라스틱은 모두에게 골칫거리다. 여행을 준비하며 상품포장지를

뜰을 때는 잊기 쉽지만, 여행하면서 플라스틱 사용을 줄이는 방법을 찾는 것은 어느 때보다 시급하다. 휴가를 즐기는 2주 동안 플라스틱 물병 30개를 버리는 것을 당연하게 생각하고, 그것도 모자라 빨대, 스티로폼 음식 용기, 비닐봉지나 플라스틱 컵까지 마음껏 사용하는데, 믿고 싶지 않겠지만 전 세계에서 사용되는 플라스틱의 단 9%만 재활용된다.

문제를 해결하는 방법이 몇 가지 있다. 재사용 가능한 물병을 가지고 다니면 된다. 수돗물을 마실 수 없는 지역으로 여행하게 된다면 라이프스트로LifeStraw 같은 정수 기능이 있는 물통을 가지고 다녀보자. 비닐봉지를 사용하는 데 규제가 없는 나라들이 있으니 재사용 가능한 가방을 가지고 다니면 플라스틱 쓰레기를 줄이는 데 꽤 도움이 된다. 테이크아웃 커피를 자주 마신다면 재사용 가능한 컵을 가지고 다니자. 캠핑이나 소풍을 가서 요리할 계획이라면 밀폐용기와 함께 대나무 식기나 재사용 가능 식기를 챙기면 좋고, 비 그린 랩Bee Green Wrap(비닐랩의 지속가능한 대안)도 사용하기 편리하다.

미세 플라스틱은 보통 선크림이나 화장품에 사용되는데, 입자가 작고 치명적이어서 오염이 확 눈에 띄지는 않지만, 일반 플라스틱 쓰레기만큼 심각한 해를 끼친다. 미세 플라스틱을 사용하지 않고 환경에 미칠 영향을 고려해 생산한 선크림을 이용하자. 비오템의 워터러버 선 밀크Waterlover Sun Milk나 화장품 브랜드 벨레다Weleda에서 만든 제품을 고르면 좋다.

지속가능성을 위해

  단순한 지원을 뛰어넘어 선한 영향력을 끼치려는 사람들이 많아
지고 있다. 현지인을 채용하는 기업이나 현지 제품, 사회적 기업이나
서비스를 지원하면 지속가능한 방법으로 꼭 필요한 도움을 줄 수
있다. 이렇게 하기가 어렵다면 짐을 쌀 때 자선 단체 팩 포 어 퍼포
스Pack For A Purpose에서 소개하는 여행지 주변의 기부할 만한 장소나
지역 공동체에 필요한 물품 목록을 참고하면 좋다. 이 목록에는 쿠
바의 노인요양원에 필요한 건강 및 의료용품부터 네팔의 학교에 필
요한 축구용품까지 다양한 물품이 소개된다.

여행지 안에서
지속가능 여행을 실천하는 법

계획만 잘 짠다고 지속가능한 여행자가 될 수 있는 것은 아니다. 여행지에서 하는 행동 하나하나가 지역 공동체와 생태계에 영향을 끼치니 세심하게 따져보고 결정해야 한다. 우선으로 두면 좋은 네 가지를 정리해보았다.

이동하기

닭들과 함께 과테말라의 만원 버스를 타고 이동하든, 찜통 같은 카리브해 여객선을 타고 이동하든, 공유자전거를 타고 베를린의 공원을 달리든, 대중교통을 이용하면 여행지에 대해 깊이 알 수 있고 탄소 배출량도 줄일 수 있다. 여행자가 사용할 수 있는 교통 패스나 카드 종류가 다양하니 지역 관광청에서 정보를 찾아보고 여행하기

전에 대중교통을 염두에 두고 계획을 세우자.

지역 주민처럼 여행하기

현지에서 직접 운영하는 활동을 찾아보자. 멕시코시티의 잇 라이
크 어 로컬Eat Like A Local에서 운영하는 '요리 사파리' 프로그램은 수
익금의 100%가 현지인에게 돌아간다. 태국의 여행사 방콕 뱅가드
Bangkok Vanguard는 관광 산업이 도시 고유의 정서와 색깔을 파괴하지
않고 보존하는 데 보탬이 되도록 상업적인 여행 상품을 대신할 프
로그램을 개발하고 있다. 아이 라이크 로컬I Like Local, 투어스 바이
로컬Tours By Local, 립 로컬Leap Local 같은 업체들을 통해서도 현지인
가이드를 찾을 수 있다. 위드 로컬스With Locals에서는 아시아 전역에
서 운영되는 (대부분 음식과 관련된) 체험 활동과 관광상품을 소개하

며, 엠바크Embark에서는 야외 활동을 좋아하는 현지인 또는 가이드와 여행자를 연결해 암벽 등반이나 서핑 같은 다양한 활동을 함께 할 수 있도록 돕는다.

여행사를 끼고 여행한다면 현지인을 가이드로 채용하는 업체를 고르자. 여행하며 쓰는 돈이 글로벌 기업으로 들어가는 대신 여행지에 남을 수 있으며 진정성 있는 경험을 할 수 있다. 쓰레기를 줄이기 위해 노력하는지, 덜 알려진 장소를 방문하는지, 과잉관광 문제를 일으키지는 않는지, 탄소 배출을 줄이려고 노력하는지, 공동체나 자연보호 프로젝트에 도움을 주는지 확인하자. 정보를 찾을 수 없으면 예약하기 전에 문의하면 된다. 리스펀서블 트래블에서는 까다로운 기준을 통과한 여행 상품 6,000개를 소개하고 있으며, G어드벤처는 여행 상품마다 '리플 스코어'를 매겨 수익금의 몇 퍼센트가 지역 공동체에 남는지 보여준다. 인트레피드 트래블과 베터 플레이스 트래블Better Places Travel은 모두 B코퍼레이션(신뢰할 수 있는 지속가능성 인증) 인증을 받은 업체들이다.

현지 문화 존중하기

세계가 점점 가까워지고 관광객 수가 증가하면서 어떤 지역에서는 지역 풍습이나 문화가 설 자리를 잃기도 한다. 10년 전에는 노출이 심한 옷을 입고 마라케시의 메디나 안으로 들어갈 생각조차 할 수 없었지만, 지금은 전통의상 젤라바를 입은 사람보다 이런 차림을 한 사람들이 더 많이 보인다. 시대에 따라 전통이 변한다고는 하지만(관광객에게 보이기 위해 박물관 수준으로 전통이 유지되는 것도 바람직하지 않지만) 여행지 고유의 문화가 허락하는 범위를 벗어나서는 안 된다.

확실하지 않을 때는 옆 사람이 그렇게 하지 않더라도 지역 풍습을 따라 먹고, 입고, 행동하자. 튀지 않고 위협적이지 않아 보여서 현지인들과 소통할 기회가 더 많아질 것이다. 사진을 찍기 전에는 항상 허락을 구하고, 어느 정도로 풍습을 따라야 하는지 현지인에게 조언을 구하면 좋다.

실외 활동을 하게 된다면 불을 피워도 되는지, 신성하게 여겨지는 장소가 있는지, 쓰레기나 배설물은 어떻게 처리하는지, 보호 중인 식물이나 야생 동물이 있는지 등 지역 규칙을 파악하고 따르도록 한다.

보답하기

여행을 다니다 보면 우리에게 익숙한 생활 수준에 한참 못 미치는 환경에 사는 사람들을 만날 때가 있다. 이럴 때 당장 뭐라도 해야 할 것 같은 생각이 들어서 가지고 있던 돈이나 물건을 건네게 되는 경우가 많다. 여행사에서는 길거리 아이들에게 돈이나 펜, 간식거리를 줘도 괜찮다며 적극적으로 권하지만, 나는 이런 종류의 선행은 사라져야 한다고 생각한다. 여행자로서 책임감을 느낀다면, 일회성 기부에 의존해서는 안 되며 선입견에 빠지거나 '우리와 그들'로 서로를 구분하지 말아야 한다. 대신 일자리를 만들고, 의미 있는 이니셔티브를 지원하고, 정부나 지역 지도자가 기획에 참여한 프로젝트에 자금을 지원해 장기적으로 보탬이 되어야 한다. 여행지에 보답하고 싶다면 믿을만한 자선 단체에 기부하거나 사회적 기업이나 현지인이 운영하는 사업을 지원하도록 하자.

4

여행자가 세상을
더 나은 곳으로 만들려면

———

지속가능한 여행은 여행의 한 종류나 기준이 아니라 모든 여행, 여행 동기, 목적지에 적용되는 사고방식이다. 베를린에서 밤새워 놀 때도 히말라야의 산을 오를 때도 인류와 지구에 미치는 긍정적인 영향이 더 커지도록 하는 방법은 수도 없이 많다.

긍정적인 영향을 미치기 위해 꼭 장기적으로 봉사활동을 해야 하는 것은 아니다. 대신 강력한 환경 보호 정책을 시행하며 현지인들을 우선으로 두는 지역을 목적지로 정하자. 어떤 여행 상품, 호텔, 여행사를 선택하느냐에 따라 소외 계층에 보탬이 될 수도 있고, 자연재해나 인재로 피해를 입은 지역을 도울 수도 있다. 도시에서는 호텔을 통해 친환경 개발을 지원할 수도 있고, 이민자 가이드와 관광하면서 편견을 깰 수도 있다. 심지어 멸종 위기종을 보호하는 데 여행을 활용할 수도 있다.

모든 단계에서 좋은 영향을 끼치려고 노력하다 보면 성과는 몇 곱절로 커진다. 현지인과 환경에 긍정적인 영향을 미치는 체험 상품이나 숙소를 예약함으로써 여행지와 여행 산업에 중요한 메시지를 전달할 수도 있을 것이다.

우리는 지금 선한 영향력, 목적, 지속가능성에 대해 알아가며 힘들게 번 돈을 어디에 쓸지 선택하는 중이다. 좋은 사람들을 지지하고 우리가 원하는 미래를 세상에 제시할 수 있으니 '지갑을 열어 투표'하는 것과 다름없다. 사람과 지구를 위해 반드시 거쳐야 할 과정이고, 결국은 더 풍부한 경험을 할 수 있게 될 것이다. 이제 여행을 통해 세상을 더 나은 곳으로 만드는 방법을 알아보자.

지역 공동체 지지하기

언어 장벽을 초월하는 가슴 벅찬 미소, 이방인과의 식사, 전통 부족의 제사 의식처럼, 여행자의 인생을 바꾸는 경험은 주로 사람과의 따뜻한 상호작용 속에서 일어난다. 지금 우리에게는 이런 경험이 어느 때보다 절실하게 필요하다. 가짜 뉴스가 판치고 제도적인 부패가 만연한 세상에서 현지인들은 희망과 영감을 주는 중요한 자원이다. 사람들 저마다의 사연은 디지털화된 사회에서 굳어졌던 마음을 풀어주는 해독제가 되기도 한다.

여행자와 지역 공동체를 연결하는 활동은 수없이 많다. 현지인이 운영하는 숙소를 이용하거나 현지인들의 가정집에서 하숙할 수도 있다. 남아프리카공화국에서 사파리 대신 지역 공동체를 방문할 수도 있고, 페루에서는 지역을 위해 일하는 자선 단체나 프로젝트에 기부를 할 수도 있다. 하지만 이걸로 충분할까?

UN 세계관광기구에 따르면, 개발도상국에서 100달러를 소비했을 때 지역 경제가 흡수하는 돈은 5달러뿐이라고 한다. 여행지에 방문하는 것만으로 지역 경제와 공동체에 도움이 될 것 같지만, 알고 보면 돈은 엉뚱한 주머니로 흘러들어간다.

정말로 책임을 다하는 여행은 공동체를 지지하는 것보다 더 많은 역할을 할 수 있다. 지역 공동체를 발전시키고 현지인들이 재정적·사회적으로 독립할 수 있도록 도울 수 있으며 소외된 사람들이 목소리를 낼 수 있도록 힘을 실어주기도 한다. 이런 여행은 지역 공동체에서 여행자가 무엇을 얻을 수 있을지에 집중하지 않고, 서로 존중하며 소통할 때 시작될 수 있다.

관광 산업은 지역 공동체를 발전시키고 선입견을 깨는 데 아주 유용하다. 기술을 공유하든 현지인들이 운영하는 사업에 자금을 지원하든, 여행을 통해 어떻게 사람들의 삶을 변화시킬 수 있을지 생각해보자. 다음 페이지에서 주목할 만한 예시 몇 가지를 소개하려 한다.

기술 공유하기

서로가 가진 기술을 공유하고 배우다 보면 진심어린 우정을 나눌 수 있고, 형식적인 자원봉사보다 훨씬 깊은 곳까지 긍정적인 영향을 미칠 수 있다. 봉사를 시작하기 전에 자신의 재능을 먼저 생각해보자. 가장 잘하는 것이 무엇인지 생각한 다음 어디에서 어떻게 사용해야 가장 도움이 될지 고민해보자. 특정한 기술을 사용할 수 있는

학교를 짓고, 고아들을 돌보고, 우물을 파는 활동을 하는 자원봉사여행 Voluntourism이 여행의 성공적인 예로 환영받던 시절이 있었다. 하지만 요즘은 자원봉사여행에 대한 인식이 많이 달라졌다. 여행자가 지역 주민들에게 돌아가야 할 일자리와 수입을 가로챌 수 있기 때문이다. 더 안타까운 상황은 지역 주민들이 부패하는 경우다. 좋은 마음을 가진 여행객들을 이용해 이익을 챙기려고 지역 주민들의 삶에 해를 끼치는 사람들이 생기기도 한다. 보육원을 방문하는 봉사여행상품이 가장 극단적인 예시다. 보육 시설에서 생활하는 아이들이 전 세계에 약 800만 명 정도인데, 이 아이들의 80%는 부모 중 한쪽이 살아 있다고 한다. 관광객에게서 돈을 뜯어내기 위해 아이들이 강제로 보육원에 보내지고 있다. 봉사할 기회가 생기면 윤리적으로 문제가 없는지 꼼꼼하게 살피자. 아동 보호 정책이 마련되어 있는지 확인하고, 되도록 보육원 여행은 피하자.

장소를 알선해주는 단체를 활용하거나, 기술자를 구하는 자선 단체를 찾아보자. 예를 들면 네팔에서는 인신매매 피해자나 트라우마를 겪는 아동을 치료할 심리학자가 항상 부족하다. 지역 공동체에 꾸준히 좋은 영향을 미치고 현지인이 성장하는 데 도움을 주고 싶다면 훈련 프로그램이나 워크숍을 주최할 수 있도록 도와주는 업체나 여행 상품을 찾아보자. 마음을 열고 다가가면 가르치는 만큼 배울 수 있을 것이다.

지속가능한 여행을 하고 있습니다

말라위 공화국, 오르비스 익스페디션

동남부 아프리카에 위치한 말라위를 기반으로 활동하는 여행사인 오르비스 익스페디션Orbis Expedition은 기존의 자원봉사여행과는 완전히 다른 여행 상품을 개발했다. '능력 탐험Skills Expeditions'이라는 상품인데, 여행객이 단순히 현지 문화를 체험하는 것에서 그치는 것이 아니라, 자신의 지식을 현지 사람들과 나누어 지역 사업가들이 역량을 키울 수 있도록 돕는다. 여행 기간인 9일 동안 여행자들은 물란제Mulanje 산을 오르거나 차 농장을 방문하고, 조용한 말라위 호수 섬에서 쉬는 휴식을 즐기는데, 그 기간 동안 가장 중요한 일정은 '사업가 포럼'이다. 이 포럼에서 말라위의 사업가들은 여행객 최대 14명에게서 조언을 구할 수 있다. 여행이 허울 좋은 겉치레로 끝나지 않도록 참가하는 사람들은 모두 엄격하게 선발된다.

오르비스 익스페디션의 창립자인 케이트 웹Kate Webb은 말라위에서 일하면서 소규모에서 중간 규모의 사업체를 위한 은행 시스템이 없다는 사실을 깨닫고 아이디어를 떠올렸다. 그는 "규모가 큰 사업을 지원하는 프로그램이나 구호 활동은 있는데 그 사이에 있는 사람들을 위한 시스템은 없다. 회계사, 교사, 마케팅 전문가나 운영 관리자와 함께 앉아 아이디어를 공유하고 사업 운영에 관해 조언을 들으면서 이 여성들의 삶이 달라지고 있다"고 전했다.

재사용 가능한 생리대를 만드는 트리니타스와 유기농 채소 및 해바라기씨유를 생산하는 사회적 기업을 운영자인 엔드리나는 이 프로그램의 혜택을 본 사업가다. 두 사람 모두 사업을 운영하며 공동체 사람들에게 보탬이 되고 있다. 트리니타스는 생리대가 없어서 학교에 꾸준히 나오지 못하는 소녀들을 돕고 있으며, 엔드리나는 씨앗들을 원가로 공급해 여성들이 작은 텃밭을 꾸려 수익을 창출할 수 있도록 돕고 있다. 마지막 기술 공유 워크숍 이후 엔드리나는 "소셜미디어를 통해 제품을 마케팅하는 방법을 배웠다. 장부를 기록하는 게 얼마나 중요한지, 인맥이 얼마나 가치 있는지도 알게 되었다. 이런 지식을 말라위의 다른 사업가들에게도 전하고 싶다"고 이야기했다.

콜롬비아 카르타헤나의 비영리 단체인 도미노 벌룬티어Domino Volunteers도 비슷한 신조를 지키고 있다. 개성 넘치는 콜롬비아의 도시에서 활동하는 사회적 기업 및 자선 단체 35개와 함께 프로젝트를 진행하는데, 상향식 접근(결정 과정에서 하급 구성원의 참여를 권장하는 접근 방식—옮긴이)을 추구하며 필요한 도움을 프로젝트 스스로 결정하도록 하고 있다. 스포츠 강사, 작가, 미용사까지 다양한 직군에 기회가 열려 있다. 회계 기술이 있다면 국제 개발을 위한 회계사회Acountancy for International Development에서 회계나 재무 지원이 필요한 자선 단체를 연결해주고 있으니 참고하자. 프로젝트 어브로드Project Abroad에서는 도움이 필요한 곳에 교사를 알선한다.

사업체 지원하기

책임 관광 산업은 단기적인 원조나 자선 사업에서 한 걸음 더 나아가 경제적 기회를 만들고 지역 공동체가 장기적으로 발전하도록

지속가능한 여행을 하고 있습니다

돕는다. 여행사들은 쇼핑, 레스토랑을 비롯한 서비스를 소비할 고객을 끌어오는 데서 그치지 않고 지역 사업체를 지지하고 발전시켜야 한다. 사업가에게 자금을 지원하고, 지역 공동체에 아이디어를 불어넣으며, 지속가능한 수준으로 고객을 유지할 수 있도록 보장해야 한다. 숙소, 관광지 또는 여행사가 모두 이런 방식으로 운영되어야 관광 산업을 통해 지역 주민들의 삶을 개선할 수 있다. 우리는 여행자로서 이렇게 의미 있는 프로젝트를 운영하는 숙소나 여행사를 지지하고 어떻게 도움을 줄 수 있을지 물어볼 수 있다. 목적지에 도착해서는 관광안내소를 통해 지지할만한 현지 사업체가 있는지 살펴보고 시장에 방문하거나 관광상품을 이용하거나 기념품을 사서 현지인에게 도움을 줄 수 있는지도 알아보자.

CASE STUDY

남아프리카 공화국, 엑스플로리오

엑스플로리오Xplorio는 현지인이 운영하는 업체들이 발전할 수 있도록 돕기 위해 업체 목록을 제공하는 웹사이트로, 방문자에게 영세 자영업자를 소개해 대형 업체들과 경쟁할 기회를 제공한다. 부킹닷컴Booking.com이나 구글에서는 눈에 띄지 않는 업체들도 엑스플로리오를 통해서는 검색될 가능성이 높고 더 많은 소비자에게 알려질 수 있다. 소규모 스타트업 세탁 업체인 즈웰릴Zwelihle은 엑스플로리오에 업체 정보를 제공한 덕분에 장기 계약을 따낼 수 있었다.

G어드벤처와 플라네테라

국제적인 여행사인 G어드벤처G-Adventure는 지역 사업체를 일찍이 지지할 필요성을 깨닫고 2016년 여행 상품 수익의 몇 퍼센트가 지역에 돌아가는지 알려주는 점수 제도를 개발했다. 이 점수는 여행할 때마다 사회에 긍정적인 '물결Ripple'을 일으킨다는 의미로 리플 스코어Ripple Scor라 불리며 비영리단체인 플라네테라Planeterra가 개발 파트너로 참여했다. 플라네테라는 G어드벤처 및 지역 공동체와 함께 관광산업을 통해 기회를 창출하기 위해 노력하고 있으며, 주요 프로젝트로는 베트남 거리를 떠도는 아이들이 레스토랑에서 일할 수 있도록 돕는 우들스 오브 누들스Oodles of Noodles, 위와Wiwa 부족 공동체가 콜롬비아의 로스트시티Lost City 트레킹로를 가이드하도록 기획한 위와투어Wiwa Tours 등이 있다.

남아프리카공화국, 그루트보스 자연보호구역

남아프리카공화국의 식물의 왕국Floral Kingdom의 중심에 있는 그루트보스 자연보호구역Grootbos Private Nature Reserve과 럭셔리 로지는 지역 사업가들에게 엄청난 영향을 미쳤다. 그루트보스 재단은 워커 베이의 넓은 모래사장과 잘 알려진 고래 관광을 통해 가장 가까운 흑인 거주구를 비롯한 지역 공동체가 혜택을 받을 수 있도록 노력하고 있다. 지역 공공시설을 보완해 교육의 질, 임금, 의료 혜택과 생활수준을 높였고. 현지인 1만 1,000명이 더 나은 생활을 할 수 있게 되었다.

시야카Siyakha는 그루트보스 재단의 고용 가능성 및 기업 개발 프로그램으로 유기농 농법이나 전문 기술을 전수하고 친환경 관광 이 니셔티브를 개발한다. 지역 공동체가 운영하는 유기농장 그로잉 포 더 퓨처Growing for the Future, 왁스를 재활용해 양초 만들기, 수경재배 딸기 농장처럼 호텔과 직접 협력하는 프로젝트도 있다. 프로젝트를 통해 수확한 상품들은 그루트보스 호텔에 팔린다.

그루트보스 재단 기업가 프로그램은 종잣돈을 지원해 사업체 16개가 시작될 수 있도록 도왔다. '시야 패스트푸드'의 사장인 시야 부렐라 블래이아이Siyabulela Blayi는 소요사태 때문에 가게가 불탄 이 후 그루트보스 재단의 지원을 받아 새롭게 시작할 수 있었다. 인터 넷 카페(공동체 안에서 소통하기 위해 반드시 필요한)를 운영하는 올르웨 투Olewethu나 테이크아웃 음식점을 운영하는 카셀와Khuselwa도 시야 카 프로젝트의 펀딩 혜택을 통해 비즈니스를 성공적으로 이끌 수 있 었다.

현지인 역량 강화하기

아마존 정글 속이든 런던 중심가든 목소리를 내지 못하는 소외된 계층은 어디에나 있다. 관광 산업은 이들을 도울 수 있다. 여행자들 은 이들에게 마음을 열고 다가가 목소리를 듣고 다양한 관점을 받 아들이고 있다. 관광 산업에 종사하는 사람들은 국제적인 사고방식 을 가진 사람이 많고, 다른 산업에서보다 불평등에 도전하려는 의 지가 강하다. 우리는 여행자로서 관광 산업을 통해 일자리를 제공하 거나 소외 계층의 의견을 듣고 문제점을 파악할 기회를 마련하여 소수 집단의 역량을 키우는 숙소와 여행사를 지지해야 한다. 가장 성공적인 예시는 성 평등을 주장하고 여성의 삶을 개선하는 프로젝트들인데, 여성들은 교육이나 공공재에 투자하려는 경향이 있어 긍정적인 연쇄반응을 일으키기 때문이다. 또, 이런 프로젝트들은 인구 과잉 문제를 해소해 기후 변화에도 도움이 된다. 교육받은 여성은 아이를 덜 낳고, 아이들이 모두 교육받을 수 있도록 노력하기 때문이다.

CASE STUDY

인도네시아, 숨바

인도네시아의 외딴 섬인 숨바Sumba섬은 주변 섬들보다 관광객이 적지만, 숨바의 훼손되지 않은 폭포와 해변을 통해 이익을 챙기려 대거 유입된 투자자들은 상황을 바꾸고 싶어 한다. 이들은 이 지역의 가장 가난하고 고립된 공동체를 이용해 거의 불법에 가까울 정도로 헐값에 땅을 사들였고, 이미 숨바섬 해변의 60%가 개인 소유가 되었다.

2013년 이 섬에 방문한 벨기에 자선가인 잉게 드 라터Inge de Lathauwer는 상황을 공정하게 만들 방법을 찾기 위해 고군분투했다. 관광 산업이 들어오는 것을 막을 수 없다는 사실을 깨달은 그는 지역 공동체가 관광 산업으로부터 혜택을 받을 수 있도록 현지인의 역량을 키우기로 했다. 그 결과 숨바섬 현지인에게 호텔 경영에 필요한 기

술을 교육하는 호텔 학교이자 숙박 시설인 '마숭이 에코로지Masungi
Ecolodge'가 탄생했다. 대나무 독채 5개로 이루어진 숙소에 머무르면서
투숙객들은 보통 17~23세 사이인 호텔 학교 학생들의 실습 대상이
된다. 영속농법으로 작물을 재배하는 농장 일손을 돕거나 음식물 쓰
레기에 관해 배우는 등 환경 보호 활동에 참여할 수도 있다.

　학교에서는 현지인들에게 관광 산업 내 일자리를 찾을 수 있도록
필요한 기술을 가르치는 것 외에도 현지인들이 섬의 미래에 대해 당
당하게 목소리를 낼 수 있도록 지원하고 있다. 잉게는 "최고의 호텔
경영 기술을 가르치는 것 외에도 자신들의 섬에서 관광 산업이 어떤
방향으로 발전할지 목소리를 내고 통제할 힘을 기르도록 교육하고 있
다"고 밝혔다. 마숭이 학교의 교육 프로그램을 수료한 학생 중 다수

가 지속가능한 운영 방식으로 운영되는 유명 5성급 숙박 시설 니히 숨바Nihi Sumba에서 인턴쉽 기회를 얻는다.

중동, 아브라함 패스

관광 산업을 통해 실업 문제와 성차별 문제를 해결할 수 있다는 것을 알아본 월드뱅크 그룹World Bank Group은 2014년 아브라함 패스Abraham Path 프로젝트를 시작했다. 그 결과 중동의 터키, 요르단 이스라엘과 웨스트뱅크를 가로지르는 1,000km짜리 도보 여행로가 생겼다. 시골 마을을 잇는 길을 따라 여행하는 여행자는 민박을 이용하거나, 일자리를 구하기가 힘든 지역의 현지인이 운영하는 소규모 숙박 시설에서 머무를 수 있다. 이 프로젝트를 통해 지금까지 일자리 137개가 생겼으며 이 중 57%가 여성들에게 돌아갔다.

케냐, 세게라

케냐에서 가장 유명한 럭셔리 사파리 리조트인 세게라Segera에서는 남성 중심이었던 산업 내에서 여성들이 남성과 동등한 위치를 찾아가고 있다. 2019년, 세게라의 첫 반밀렵 삼림관리 여학교All-Women Anti-Poaching Ranger Academy에 여성 12명이 선발되었다. 이 학교는 보호 활동의 최전선에서 일하는 데 필요한 포괄적이고 전문적인 교육을 제공하며, 리조트에 필요한 인력을 공급할 뿐 아니라 여성의 역할에 대한 사회적인 인식까지 바꾸고 있다.

　이 학교는 국제 반밀렵 협회International Anti-Poaching Foundation와 협력하여 만들어졌다. 협회의 창립자인 데미언 맨더Damien Mander는 "여성을 관리인으로 채용해야 한다는 생각보다 그들의 꿈이 무엇이었는지 알고 싶었다. 어떤 사람이 되고 싶었을까? 이렇게 생각하고 보니 관리인이 되는 것은 이들의 삶을 충만하게 만드는 수단이었다. 프로그램을 여성 중심으로 계획하니 공동체를 개발하고 현지인들과 관계를 맺는 데 엄청난 도움이 되었다. 이런 이득에 비하면 보존 활동은 덤이나 마찬가지다"라고 밝혔다.

네팔과 인디아, 글로벌 히말라얀 익스페디션

히말라야산맥의 외딴 마을에 전등을 공급하는 글로벌 히말라얀 익스페디션GHE: global Himalayan Expedition은 세계의 지붕에서 찾을 수 있는 마음 따뜻해지는 예시다. 전직 엔지니어이자 창립자인 파라스 룸바Paras Loomba는 2014년 처음 '짜릿한' 여행을 계획하고 전 세계에서 찾아온 여행객 20명과 함께 태양광 마이크로그리드(소규모 지역에서 전력을 자급자족할 수 있도록 하는 지역 전력망 시스템-옮긴이) 장비를 가지고 1,000년 된 수도승 마을을 방문했다. GHE는 그 뒤로도 전기 없이 살던 마을 100여 개에 전력을 공급했다. 원정을 떠날 때마다 외딴 마을에 마이크로그리드 장비를 설치하며, 엔지니어는 마을 사람들이 시설을 관리할 수 있도록 교육도 한다.

전기가 연결되지 않은 마을들은 GHE가 방문하기 전까지 어둠을 밝히기 위해 유독한(게다가 탄소를 어마어마하게 배출하는) 석유램프를 사용했다. 접근성이 좋은 큰 마을이나 도시로 떠나는 사람이 많아져 전기가 없는 시골 마을의 삶이나 전통은 훨씬 빨리 쇠퇴한다. 무공해 에너지로 전기를 공급하는 것만으로 마을이 사라지는 것을 막을 수 있다는 의미다. 이 원정의 긍정적인 파급 효과로, 마을 사람들은 원하는 경우 여행객에게 민박 형태로 숙소를 제공하고 수입을 얻을 수 있게 되었다.

안젤린 라문드 인도네시아 숨바 호스피탈리티 파운데이션 수료생

숨바섬에서 나고 자란 안젤린은 숨바 호스피탈리티 파운데이션Sumba Hospitality Foundation의 호텔 경영 교육을 마치고 현재 발리 켐핀스키Kempinski 호텔의 프론트 오피스에서 근무한다.

숨바 호스피탈리티 파운데이션(SHF)을 수료한 이후 삶이 어떻게 바뀌었나요?

전에는 꿈꾸기가 두려웠는데 지금은 누구보다 큰 꿈을 가지고 있어요. 한 번도 큰 호텔에서 일하게 되리라고 생각해본 적이 없는데 SHF 덕분에 불가능한 일은 없다는 걸 깨닫게 되었습니다.

현지인에게 왜 이런 기회가 주어져야 한다고 생각하시나요?

고등학교에도 진학하지 못하는 현지인들이 아주 많아요. 숨바는 아름답고 특별한 관광지인데, 정작 현지인들이 자기가 나고 자란 지역에서 일어나는 일을 구경만 해야 한다면 너무 안타깝지 않나요. 마지막으로, 관광 산업을 통해 현지인들이 선의의 경쟁을 하며 이익을 얻으려면 이런 기회가 주어져야 한다고 생각합니다.

지금 살고 계신 지역에 관광 산업이 긍정적인 영향을 미친다고 생각하시나요, 아니면 반대인가요?

관광 산업은 제가 사는 지역에 긍정적인 영향과 부정적인 영향을 모두 미칩니다. 예를 들면 관광 산업 때문에 생기는 경제적인 효과로 보통 고용 기회가 생기고 각종 시설이 개선되고 사회가 안정됩니다. 일자리가 늘어나니 지역 주민들의 삶의 질이 높아집니다. 문화에 관한 교육도 더 발전할 수 있고요. 하지만 관광 산업 때문에 물가가 높아지면 지역 주민들도 전보다 생활비가 많이 필요해집니다. 가장 큰 걱정거리는 관광 산업이 지속가능하지 않은 방향으로 발전할 경우 미래 세대에 아주 부정적인 영향을 끼치게 된다는 점입니다.

다가올 미래에 가장 기대되는 것이 있다면요?

우선 우리 가족의 재정적인 상황을 바꾸고 제 동생들이 공부를 계속할 수 있도록 지원해주고 싶어요. 그리고 젊은 세대가 앞장서서 숨바섬을 지속가능한 관광지로 만들고 아름다운 문화와 자연을 다음 세대에게 전해줄 수 있으면 좋겠습니다. 마지막으로 SHF에서 배운 지식을 바탕으로 숨바섬에서 지속가능한 관광 상품을 개발하고 싶습니다.

보답하기

자선단체를 통해 기부하거나 중고 물품을 전해주는 대신, 여행을 통해 나눈다는 뜻의 '임팩트 트래블Impact Travel(영향을 미치는 여행)'이 새로운 여행의 한 종류로 자리매김했다. 임팩트 트래블이란, 긍정적인 영향을 가장 중요한 가치로 삼는 모험, 탐험, 또는 관광을 의미한다. 공동체에 기반 시설을 짓거나 의료용품을 전달하는 등 지역에서 필요한 것들을 조달하기 위해 관광 상품을 기획하는 단체나 회사를 찾아보자. 지역 공동체와 여행지마다 필요한 것들이 아주 다양하기 때문에 이런 여행은 지역 상황에 맞춰 계획되어야 하며 어디에서나 똑같은 방식을 적용하려 하면 안 된다. 비스트Visit.org, 백스트리트 아카데미Backstreet Academy, 에어비앤비의 착한 트립Social Impact Experience 같은 플랫폼에서는 경험의 대가를 보답하는 의미 있는 방법들을 제시한다. 미국을 기반으로 활동하는 임팩트 트래블 얼라이언스Impact Travel Alliance에서는 빈곤 계층을 돕고 평등을 실현하는 데 보탬이 되는 여행 방법을 꾸준히 공유하고 있다.

CASE STUDY

몽고, 릴리프 라이더스 인터내셔널

몽고, 인도, 에콰도르, 터키에서 경험할 수 있는 릴리프 라이더스 인터내셔널Relief Riders International의 승마 체험은 의미 있는 경험의 좋

은 예다. 15년 이상 말 등을 타
고 이어진 이 대담한 모험을 통
해 2만 8,000명에게 의료용품
을 실어 나를 수 있었다. 활동
에 참여했던 몇몇 용기 있는 사
람들은 나중에 정부와 적십자
의 활동에 중요한 역할을 하기
도 했다. 창립자인 알렉산더 수

리Alexander Souri는 "일상에서 벗어나 활동적이고 훈훈한 방법으로 지
구상에서 가장 생동감 넘치는 지역을 속속들이 여행하고 나면 여행
객은 큰 울림을 느낀다. 삶이 완전히 바뀌기도 한다"고 이야기한다.
그의 말처럼 좋은 여행은 확실히 인생을 바꾼다.

케냐, 솔리오 캠프

좀 더 호화스러움을 누리며 좋은 일을 하고 싶다면 사파리 컬렉션
The Safari Collectionm의 솔리오 캠프Solio Camp에서 꼭 맞는 여행을 할 수
있을 것이다. 이 숙소에서 일 년에 한 번 개최하는 안과 클리닉에 기
부하거나 일손을 보탠다면 여러모로 눈이 번쩍 뜨이는 경험이 될 것
이다. 이 클리닉을 통해 안과 환자 1,110명이 치료를 받았으며 인생
을 완전히 바꿔 놓은 수술을 받은 환자도 수백 명에 달한다. 케냐인
32만 명이 시력이 저하된 채 살고 있는데, 이 중 80%는 치료가 가능
하다고 한다. 솔리오 캠프에서는 의료 격차를 줄이기 위해 노력하고
있으며, 투숙객은 기부를 하거나 현장에서 행정 업무를 처리하며 일

손을 보탤 수도 있다.

이 클리닉의 환자인 카라구 미그위Karagu Migwi는 캠프를 알게 되었을 때를 회상하며, "치료할 방법을 찾느라 모든 수단을 동원했지만, 상태가 나아지지 않았다. 성과 없이 집에 돌아가야 했고, 눈이 나빠서 일도 제대로 할 수 없어 자꾸 움츠러들었다. 라디오에서 의료 캠프가 열린다는 소식을 듣고 아내에게 어쩌면 시력을 회복할 마지막 기회인 것 같다고 이야기했다"며 소감을 밝혔다. 그는 15분 만에 성공적으로 백내장 수술을 받았다.

그 밖의 예시

부탄의 우라 밸리Ura Valley(위 사진)나 인도의 핀다르 밸리Pindar Valley

같은 외딴 지역에서 활동하는 하이킹 여행사 빌리지 웨이즈Village Ways는 지역 공동체가 사업을 시작할 수 있도록 돕고 있다. 회사는 각 마을과 협력해 주민들이 직접 운영할 수 있는 여행사를 개발한다. 다른 성공적인 예로 꼽히는 모로코의 리조트 카스바 뒤 투브칼 Kasbah du Toubkal은 현지인인 베르베르족 공동체에서 직접 운영하고 있다. 8,000명의 주주가 참여한 영국 최초의 공동 소유 농장 숙박 시설인 영국 슈롭셔의 포덜 팜 유르트Fordhall Farm Yurts도 좋은 예다. 캐나다 브리티시 컬럼비아의 스피릿 베어 로지Spirit Bear Lodge는 퍼스트 네이션 키타수 재이자이스First Nation Kitasoo Xai'xais족이 소유한 숙소로 클렘투 지역 소수 민족의 역량을 키우고 일자리 또한 제공하고 있다.

공동체 소유를 우선시하기

휴가 동안 내가 소비한 돈이 어디로 흘러가는지 따져보면 관광 산업에서 '돈이 새고 있다'는 사실을 깨닫게 될 것이다. 체인 호텔이나 레스토랑, 기업형 여행사에서 쓴 돈은 여행지에 머무르지 않고 대기업의 손아귀로 들어가는 경우가 많다. 이런 문제는 관광 수입이 가장 절실하게 필요한 개발도상국에서 특히 심각하다. 현지인이 운영하는 업체에 돈을 쓰면 이런 문제를 해결할 수 있다. 지역 주민이나 공동체가 직접 운영하는 숙소나 여행사를 이용하면 가장 좋겠지만 항상 가능하지는 않다. 관광객의 다양한 요구를 만족시킬 기반 시설이 없는 여행지도 있다. 이런 경우에는 지역 주민들이 관광 산업

지속가능한 여행을 하고 있습니다

잠시 멈춰 생각하기: 지역 공동체 여행

지역 공동체를 여행하는 상품이 책임감 있고 배려하는 방식으로 운영되지 않으면 도움을 주기는커녕 해만 끼치게 될 수도 있다. 관광 상품을 예약하기 전에 따져볼 사항들을 소개한다.

- 여행자들의 관음증적인 관심을 채우기 위해 지역 공동체 관광이 이용되어서는 안 된다.
- 지역 주민 또는 소수 민족 사람들이 자신들의 이야기와 문화를 공유하면서 아무런 혜택도 받지 못한다면 착취나 마찬가지다.
- 가이드는 현지인이어야 한다.
- 집에서 보기에 꺼림칙했다면 여행지에서는 더 불편하다.
- 사진을 찍기 전에 예의를 갖추고 허락을 구하자.
- 잘 모르겠으면 스스로에게 물어보자. 입장을 바꿔 내가 그 상황이면 어땠을지 생각해보자.
- 해당 지역이 다른 문화에 얼마나 열려 있는지, 지역 문화를 어느 정도로 엄격하게 따라야 하는지에 대해 현지인의 조언을 듣자.
- 학교 수업을 절대 방해해서는 안 된다.
- 여행사가 제대로 된 아동 보호 정책을 갖추고 있는지 알아보자.

에 참여할 수 있게끔 노력하는 업체를 찾아보자. 지역 주민들이 운영하는 관광 프로젝트에 투자하거나 주민들이 직접 관광 상품을 개발할 수 있도록 돕는 업체를 찾으면 된다.

CASE STUDY

미얀마, 마이아잉 커뮤니티 베이스드 투어리즘과 인트레피드 트래블

2019년, 인트레피드 트래블Intrepid Travel은 지역 공동체 기반 관광 프로젝트의 한 부분으로 미얀마의 작은 시골 마을에서 마이아잉Myaing CBT(Community Based Tourism) 프로젝트를 시작했다.

미얀마에서는 가정집에서 하숙하는 것이 불법이기 때문에 시골 마을에서 관광 산업의 혜택을 누리기가 힘들다. 이런 문제를 극복할 방법을 찾던 자선단체 액션에이드ActionAid는 미얀마 매그웨이 지방 반건조 지역에 있는 마이아잉 마을에 인트레피드 트래블을 소개했다. 1,000명 남짓한 이 마을의 주민들은 전통적인 농업으로 생계를 유지하고 있었다. 농사를 짓지 않을 때는 수입이 거의 없어서 젊은이들은 일자리를 찾아 마을을 떠났고, 해외로 나가기도 했다. 마을은 위기에 처해 있었다.

액션에이드와 함께 마을 공동체에 무엇이 필요한지 파악한 인트레피드 트래블은 마을이 경제적으로 성장할 수 있도록 숙소 시설을 짓고 관광 상품을 개발했다. 마을 사람들은 숙소를 설계하는 과정에 참여하고 건설 공사를 돕고 지역 주민이 공동으로 소유한 땅을 사용할 수 있도록 허락했다. 자전거를 타고 주변 마을을 둘러보기 편리한 장소로 숙소 위치를 정하고, 건물은 다른 집들과 어울리도록 지역 전통 건축 자재인 대나무, 야자나무 잎, 나무를 사용해 지었다. 방문객은 지역 주민들이 직접 만든 전통 요리를 맛보고 미얀마의 시골길을 거닐 수 있다. 마이아잉 CBT는 현재까지 관광객 1,800명을 맞이했다.

브라질, 리세르바 두 이비티포카

브라질의 리세르바 두 이비티포카Reserva Do Ibitipoca(위)는 미나스제라
이스주에 있는 1,500만 평 규모의 사유지에 조성된 보호구역으로, 인
접한 국립공원에 서식하는 야생 동물의 주요 통행로다. 보호구역에
는 농가를 근사하게 복원해 만든 럭셔리 호텔이 있는데, 주변의 소외
된 마을들이 함께 혜택을 누릴 수 있도록 하기 위해 이비티포카의 주
도로 새로 도로를 냈다. 걷거나 자전거를 타고 다닐 수 있게 만든 이
도로는 역시 이비티포카의 지원으로 복원된 작은 게스트하우스들을
따라 이어져 있다. 이 프로젝트의 가장 큰 성과는 무골 마을로, 관광
수입이 생긴 이후 감소했던 인구가 다시 늘기 시작했다.

벤슨 칸옘보 2019 터스크 야생 동물 보호 어워드 수상자

벤슨 캄옘보Benson Kanyenbo는 잠비아의 음푸웨를 기반으로 활동하는 야생 동물 보호단체인 컨저베이션 사우스 루앙와Conservation South Luangwa의 법률 고문이다. 그는 1997년 잠비아의 국립공원청에 몸담은 이래 야생 동물과 자연경관을 보호하기 위해 헌신하고 있다. 터스크 야생 동물 보호 어워드 Tusk Conservation Awards는 아프리카의 야생 동물과 지역 공동체를 위해 뛰어난 업적을 세운 인물에게 주는 상이다.

야생 동물 보호 활동의 최전선에 계시면서 관광 산업이 지역사회에 어떤 영향을 주는지 지켜보셨나요?

지역 사람들에게 일자리가 생기니 밀렵이 줄어드는 긍정적인 변화가 있었습니다. 여행사들은 지역 정찰대에게 임금을 지급하기 때문에 재정적으로 보탬이 되고, 학교에 다니는 아이들에게 장학금을 지급하기도 합니다. 인간과 야생 동물 사이의 갈등을 완화하는 프로그램이 지원을 받기도 하고, 도로를 정비하고 유지하는 데도 도움이 되며, GDP 또한 증가했습니다. 숙박업소나 캠핑장이 보호단체의 눈과 귀가 되어주기도 합니다. 관광 산업은 인간이 천연자원과 천연자원을 활용할 수 있도록 해주는 생태계의 순환 과정에 감사해야 한다는 사실을 일깨우기에도 효과적입니다. 딱 하나 부정적인 영향은 관광 산업에 종사하는 지역 사람들 때문에 야생 동물 고기의

수요가 생긴다는 점입니다.

함께 일하시는 정찰대가 반드시 지역 사람들이어야 하는 이유는 무엇인가요?

지역 공동체와 보호단체가 끈끈한 관계를 유지하려면 아주 중요합니다. 보호단체의 일부로서 공동체에서는 주인의식을 가지고 보호 활동에 완전히 참여할 수 있습니다. 또한 자연을 보존하고 관리하면서 자신의 가치를 느낄 수 있습니다. 정찰대가 지역 주민들로 구성되면 주변 지역에 관한 풍부한 경험과 지식을 사용할 수 있습니다. 기후나 지리에 익숙하고 지역 문화와 전통을 이해하고 있으니까요. 무엇보다 지역 공동체에서 자신들이 가진 천연자원을 관리해야 한다는 책임감을 느껴야 합니다.

관광 산업이 잠비아에 긍정적인 영향을 미쳤나요, 아니면 반대인가요?

긍정적인 영향이 크다고 할 수 있습니다. 수입, 환전소, 일자리가 생기고 지역 기반 시설과 설비도 개선됩니다. 환경적으로는 천연자원을 개발하고 보존할 명분을 제공하기도 합니다. 문화적으로는 여러 사람이 함께 협력하며 우정을 쌓는 기회가 되기도 하지요. 지역 단위로 보면 향토 공예 수요가 생기고 지식을 나누는 장이 마련되기도 합니다. 또, 원래 있던 문화와 체계가 견고해지면서 가치가 높아지기도 하고요.

하지만 문제도 있습니다. 물가가 비싸져서 경제적으로 손실이 발생하기도 합니다. 이렇게 되면 기껏 번 돈이 다시 선진국으로 돌아가지요. 오염이나 인구과잉 문제가 발생하기도 하고 교통수단 때문에 동물이 위협을 받고 서식지가 파괴되기도 합니다. 무책임한 관광은 지역의 정체성이나 전통을 무너뜨리고 윤리적인 기준을 바꾸기도 합니다.

앞으로 바라는 점이 있으신가요?

잠비아의 보호구역이 재정적으로 자립했으면 합니다. 또 지역 공동체가 보존 프로그램에 적극적으로 참여했으면 좋겠습니다. 잠비아가 세계적으로 손꼽히는 관광지가 되어 관광 산업이 잠비아 경제를 발전시키는 일등 공신이 되면 좋겠습니다.

지역 고유문화 지키기

관광객 40% 이상이 자신을 '문화 탐험가'라고 생각한다고 한다. 다시 말하면 여행객 모두가 '푹 쉬기만 하려고' 멀리까지 날아가는 것은 아니라는 뜻이다. 이런 여행은 여행자, 현지인, 문화유산에 아주 긍정적인 영향을 미칠 수 있다. 새로운 문화에 몰두하면서 새로운 사람들과 친해지며 세계관을 확장하고 이해의 폭을 넓힐 수 있다. 새로운 아이디어와 관점이 생겨 더 나은 세계 시민으로 거듭날 수도 있다. 역사와 다른 사람들의 삶에서 무엇을 배울 수 있을까? 이 질문은 사회적·환경적 불평등을 해소하는 데 무척 중요하다.

관광 산업은 문화유산 보호에 경제적으로 보탬이 될 수 있다. 고유의 문화에 관심을 쏟고 자부심을 느끼도록 공동체를 일깨울 수도 있고, 문화의 정체성을 새로운 방식으로 표현할 기회를 마련하기도 한다. 또한, 문화를 보호해야 지구를 건강하게 유지할 수 있다. 전

통적이고 향토적인 삶의 방식을 존중하고 개발하면 사람들이 도시로 몰려들지 않도록 할 수 있고 자연경관도 지킬 수 있을 것이다.

하지만 관광 산업은 양날의 검이다. 2019년 한 해 동안 관광객 약 1,000만 명이 중국 만리장성에서 가장 유명한 구역을 방문했으며, 2,000만 명이 베네치아를 찾았다. 글로벌 헤리티지 펀드Global Heritage Fund(유네스코의 세계 유산 기금World Heritage Fund과는 다름-옮긴이)에서는 "관리가 잘 된다면 관광 산업은 이러한 유적지를 보호하고 주변 공동체가 경제적으로 성장하는 데 도움을 줄 수 있다. 하지만 관리가 잘 안 되면 도시가 포화하여 혼잡해지고 상업화되며, 지역 기반 시설·자연·문화유산과 유적지가 파괴되기도 한다"고 분석했다.

따라서 앞서 말한 것처럼, 인파에 휩쓸려 다니는 대신 덜 알려진 유적지나 소외된 문화에 도움이 되는 방식으로 여행을 바꿔야 한다. 그렇게 하려면 관광 산업의 도움 없이는 파괴될 수도 있는 유적지나 전통을 찾고, 이런 장소들이 발전하도록 돕는 사회적 기업을 지지해야 한다. 이 과정에서 소셜미디어가 유용하게 쓰일 수 있다. 현지인의 의견이나 여행 팁을 더 구체적으로 얻을 수 있어 유명 관광지가 아닌 숨은 명소를 찾기가 쉬워지기 때문이다. 지역 관광청이나 블로거의 글도 도움이 된다.

책임감 있는 방식으로 문화 관광을 하면 지역 공동체에서 자신들만의 방식으로 유산을 보호할 수 있도록 자금과 수단을 제공할 수 있다. 문화는 사람들과 함께 살아 숨 쉬어야 보존될 수 있으며, 관광객에게 보이기 위해 박물관 같은 상태로 유지하는 것 역시 바람직하지 않다.

페루, 아와마키

관광 관련 상을 여러 번 받은 페루의 아와마키Awamaki가 좋은 예다. 잉카의 성스러운 계곡Sacred Valley에서 활동하는 아와마키는 외딴 지역에 사는 께추아족 여성들의 삶의 질을 높이기 위해 노력하는 사회적 기업이다.

창립자인 케네디 리븐스Kennedy Leavens는 "여성들이 극복했으면 하는 문제가 두 가지 있었다. 우선 몇백 년 동안 이어온 전통 섬유 산업이 가치가 떨어지면서 쇠퇴하고 있었다. 여성들이 일자리를 찾아 도시로 떠났고, 마을이 폐허가 되어가고 있었다"고 아와마키를 시작하게 된 계기를 회상했다.

아와마키는 전통 공예와 지역 공동체 관광을 위한 두 가지 프로그램을 통해 쿠스코 근처 외딴 지역에 사는 여성 몇백 명을 도왔다. 여성 협력 프로그램을 통해 베를 짜는 여성들이 세계적인 디자이너·국제 시장과 협력해 자신들이 만든 직물을 통해 수익을 최대한 많이 창출할 수 있도록 돕는다. 또, 지속가능 관광 프로그램을 통해 지역 공동체에서 관광객이 머물 숙소를 마련하고 직물을 짜는 과정을 체험하는 상품을 개발할 수 있도록 돕는다.

2009년부터 베 짜기 원데이 클래스와 숲속 천연 염색 체험 프로그램에 관광객 5,000명이 참여했다. 현지인 가족과 관광객이 짝을 지어 존중을 바탕으로 다른 문화를 체험함으로써 양쪽 모두에 이익이 되도록 하고 있다. 프로그램은 관광 산업 때문에 주민들의 삶이 방해

받지 않도록 현지 공예가들과 함께 개발되고, 농사 일정이나 육아 등 주민들의 상황에 맞춰 진행된다.

여성들이 일회성 원조에 의존하지 않고 자립할 수 있도록 두 프로그램 모두 '인큐베이터 방식'에 따라 여성들을 훈련해 이들의 능력을 키우는 데 집중한다. 케네디는 여성들의 소비 방식 때문에 지원을 결심하게 되었다며 "여성들은 교육과 지역 공동체의 발전을 위해 소비하는 경향이 있고, 아직까지는 이런 믿음이 깨지지 않았다"고 전했다.

케냐, 리프트 밸리

공예품 말고도 관광 산업을 통해 지킬 수 있는 전통은 더 있다. 케냐의 리프트 밸리Rift Valley에 있는 사사브 로지Sasaab Lodge에서는 삼부루Samburu족과 협력해 구전 예술을 지키고 있다. 삼부루족의 가락은 주변 자연 환경만큼이나 생동감이 넘친다. 글로 적힌 적은 없지만, 노랫말에 몇백 년 역사가 담겨 있다. 사사브 로지는 이들의 전통 예술을 지키기 위해 나이로비에서 활동하는 DJ 그룹 미디 마인드Midi Minds와 함께 삼부루족의 노래 중에서 중요한 몇 곡을 녹음했다. 음악가나 예술가가 샘플을 구매하면 수익금은 삼부루족에게 돌아간다.

과테말라, 나야 트래블러

맞춤형 문화 여행 전문 업체인 나야 트래블러Naya Traveler도 몇백 년 역사를 자랑하는 과테말라의 전통 예술에 꼭 필요한 도움을 제공한다. 일주일짜리 베 짜기 체험 동안 관광객은 몇 명 남지 않은 전통 공예가의 수업에 완전히 몰입해 베틀로 굵은 띠를 짜는 방법을 배울 수 있다.

전통이 발전할 수 있도록 돕기

전 세계에 걸쳐 도시로 이주하는 사람이 늘어나고, 국가들이 경제 발전을 쫓게 되면서 지역 전통이나 기술은 설 자리를 잃고 있다. 젊은 사람들이 일자리나 기회를 찾아 도시로 떠나면 지방 마을은 인구가 대폭 줄어든 채 노인들만 남게 된다. 지켜주는 이가 없는 자연경관이나 생태계, 지역 공동체는 채굴, 영농, 건설 산업 같은 생산업에 착취당하기 쉬워진다. 하지만 관광 산업은 이들에게 보탬이 될 수 있다. 지역 공동체와 함께 문화 체험 상품이나 보존 프로젝트를 개발하면 현지인들이 계속해서 전통적이고 향토적인 방식으로 살아갈 수 있도록 보조 수입을 제공할 수 있다. 이 수입을 바탕으로 문화는 점점 발전할 수 있다. 네팔의 백스트리트 아카데미나 인도의

낫 온 어 맵Not on a Map 같은 지역 정보 사이트에서 여행자와 예술가 또는 소규모 공방을 연결해주고 있으니 참고하자.

문화유산 보호하기

유적지나 문화유산이 오랫동안 보존될 수 있는지는 보통 현지인의 노력에 달려 있다. 하지만 지역 공동체가 유산을 보존해 혜택을 받으려면 동기가 필요하고, 이 지점에서 책임 관광의 역할이 생긴다. 관광을 통해 유적지 주변 공동체에 직접적인 수입이 발생하면 유적을 보호할 명분이 생길 뿐만 아니라, 현지인들이 주인 의식과 존중하는 마음을 느끼도록 할 수도 있다. 공동체에서 이런 긍정적인 변화가 일어나다 보면, 고향에 있는 유적을 통해 수입을 얻을 수 있다는 것을 알게 된 젊은이들이 다시 고향으로 돌아오게 되기도 한다. 여행사나 여행 설계사, 숙박 시설이 책임을 다하려면 여행자들을 옳은 방향으로 이끌어야 한다. 유네스코와 내셔널지오그래픽의 파트너십으로 시작된 플랫폼 세계유산여행World Heritage Journeys은 아시아와 유럽 전역에 걸쳐 잘 알려지지 않은 문화유산 관광 프로젝트들을 홍보한다.

CASE STUDY

모로코, 글로벌 헤리티지 펀드

주목할 만한 예시로 글로벌 헤리티지 펀드GHF: Global Heritage Fund를 꼽을 수 있다. 미국을 기반으로 활동하는 이 단체는 지역 공동체에서 역사 유적을 복원하고 보존해 수익을 창출할 힘을 기를 수 있도록 돕고 있다. GHF의 활동은 경제적인 기회가 줄거나 기후 변화 때문에 농사 지을 땅이 점점 사라지는 지역에서 발생하는 인구 감소 문제를 해결하는 데 도움이 된다.

GHF는 모로코 남쪽 안티아틀라스 산맥의 버려진 곡창을 보존하는 프로젝트를 진행하고 있다. 바위산 비탈에 지어진 창고 안에는 건조한 환경 덕분에 잘 보존된 귀중한 문서와 유물이 보관되어 있다. 사람들이 점점 지역을 떠나면서 이런 유적들이 점점 파손되는 것을 본 GHF는 아마자이Amazigh족과 손을 잡고 예술 산업을 통해 새로운 기회를 제공함으로써 지역에 남는 청년들이 많아지길 기대하며 나이 든 공예가와 젊은 청년들을 연결하고 있다.

GHF는 매년 모로코에서 GHF의 프로젝트를 직접 보고 경험하려는 사람들을 대상으로 여행 상품을 판매해 수익금을 프로젝트 자금으로 사용하고 있다. 지속가능 여행의 선구자 티에리 테시에Thierry Teyssier가 운영하는 세계 최초의 '움직이는 호텔' 쎄트 썽 밀러700'000 Heures(70만 시간이라는 뜻-옮긴이)와 함께 상품을 개발하며, 참가자는 쎄트 썽 밀러에서 제공하는 근사한 숙소에 묵으면서 GHF가 프로젝트를 진행하는 유적지를 독점적으로 둘러볼 수 있다.

미국, 던튼 핫 스프링스

콜로라도의 눈 덮인 산꼭대기 밑에 감춰진, 한때는 버려진 유령도시였던 던튼Dunton의 사례를 보면 문화유산은 어디에나 있으며 가꾸기 나름이라고 생각하게 될 것이다. 원래는 부동산 개발을 위해 대지를 매입한 부동산 사업가 크리스토프 헨켈Christoph Henkel은 이 지역의 200년 된 건물들을 허물어 버리기가 아깝다고 생각하게 되었다. 한 술집의 바 테이블에는 갱단 두목 부치 캐시디Butch Cassidy가 칼로 자기 이름을 새겨놓은 자국이 남아 있기도 했다. 그는 지역 목수를 고용해 건물들을 복원했고, 던튼 핫 스프링스Dunton Hot springs라는 럭셔리 숙소가 탄생했다.

알래스카, 포트 그래햄

던튼 핫 스프링스에서 조금 더 북쪽으로 가면 소수 민족의 삶에 도움을 주는 관광 산업의 다른 예시를 찾을 수 있다. 알래스카 남쪽의 얼음 덮인 키나이 피요르드Kenai Fjords 국립공원의 대지권을 양도 받은 '퍼스트 네이션 포트 그래햄First Nation Port Graham 공동체'는 채굴 산업이나 거대 관광 기업에 대지를 팔 기회가 있었다. 하지만 이들은 생태계를 보호하기 위해 지속가능한 관광을 선택했고, 매년 관광객 1,200명에게만 상품을 판매하는 책임 관광 여행사 '키나이 피요르드 글래이셔 로지Kenai Fjords Glacier Lodge'와 손을 잡았다.

소규모 숙소와 환경에 영향을 덜 미치는 야생 동물 탐험 프로그램을 통해 포트 그래햄 지역 사람들은 자신의 땅에서 수입을 얻는 동시에 자연을 보호할 수 있게 되었다. 이들이 맺은 독특한 파트너십은 이 지역에서 책임 관광이 꼭 필요했던 이유를 보여준다. 보호구역은 점박이 바다표범과 해달, 수달, 흑곰, 대머리 독수리와 검은머리물떼새의 서식지이며, 빙하가 바다로 흘러가면서 바닷물과 담수가 만나는 독특한 생태계 덕분에 다양한 종이 터를 잡고 살고 있다. 위기 종인 혹등고래, 정어리고래, 회색고래도 영양분이 풍부한 이 지역의 바다에 의존한다.

캄보디아, 헤리티지 워치

헤리티지 워치Heritage Watch는 캄보디아에서 활동하는 비영리 기구로 유산 보호를 위한 활동 예시 중에서 가장 핵심을 꿰뚫는다고 할 수 있다. 이 단체는 관광객에 집중하는 대신 지역 학생들에게 사원을 보전해야 하는 이유와 고고학 유물이 중요한 이유를 가르친다. 헤리티지 포 키즈Heritage for Kids 프로젝트는 반테이 츠마 사원 옆에 있던 8m짜리 유물이 하룻밤 새 도난당하는 등 점점 심해지는 문화재 약탈에 대응하기 위해 시작되었다. 현재 캄보디아 전역에서 활동하며 학교와 관광객에 혜택이 고루 전해질 수 있도록 캄보디아 정부를 지원하고 있다. 또한 코 케Koh Ker, 반테이 츠마Banteay Chmmar 지역에서는 지속가능한 개발 프로젝트를 통해 지역 공동체가 고고학 유물과 사원을 보존하고 이들을 통해 혜택을 받을 수 있도록 교육을 제공하고 있다.

소수 민족의 삶 지지하기

세계 인구에서 원시 부족이 차지하는 비율은 5% 남짓이지만 이들은 전 세계 생물 다양성의 80%를 보호하고 있다. 이들의 지식과 지혜가 현대화와 진보라는 이름으로 전 세계에서 멸시당하고 있다는 사실을 생각하면 할 말을 잃게 된다. 지구를 보호하기 위해서는 소수 민족의 삶을 지지해야만 하며, 관광 산업은 여기에 보탬이 될 수 있다. 관광 산업은 보통 이들에게 재정적인 지원을 하거나 이들이 대지권을 보호할 수 있도록 지지하고, 자신들의 이야기를 공유하고 싶어 하는 원주민들과 여행자를 연결하기도 한다. 어느 쪽이든 세심한 배려를 바탕으로 접근해야 한다. 소수 민족이 자신들만의 삶을 유지하고자 한다면 관광에 이용되어서는 안 된다(185쪽 '잠시 멈춰 생각하기: 착취가 아니라 역량 강화하기' 참조). 여행하기 전 서바이벌 인터내셔널Survival International과 같은 자선단체의 조언을 참고하자. 캐나다에서는 소수 민족 관광 정보 사이트를 통해 윤리적으로 운영되는 상품들을 홍보하고 있으며, 호주에서도 최근 노던주에 있는 거대한 바위인 울룰루Uluru 등반을 금지하는 등 다양한 집단의 의견을 수렴하고 차이를 좁히기 위해 앞장서고 있다.

CASE STUDY

칠레, 루타스 앤세스트럴스 아라우카리아

칠레 산티아고 700km 남쪽의 레이크 디스트릭스Lake District는 파타고
니아 열대 우림을 가로지르는 강이 흐르고 화산 자락을 배회하는 맹
수들이 살고 있는 야생의 땅이다. 이곳에는 남아메리카에서 가장 규
모가 큰 소수 민족인 마푸체족이 살고 있다. 역사적으로 소외되고 핍
박받던 이 전통 부족은 대지권을 유지하고 자연을 존중하며 공생하
는 삶의 방식을 유지하기 위해 온갖 역경을 이겨냈다. 지금은 예전만
큼 박대를 당하지는 않지만, 도시화와 현대화에 맞서 자연을 존중하
는 가치관을 지키기 위해 여전히 고군분투 중이다.

루타스 앤세스트럴스 아라우카리아Rutas Ancestrales Ataucarias는 마푸체족이 소유 및 운영하는 여행사로, 여행객들로 붐비는 푸콘에서 단 45분밖에 떨어지지 않은 꾸라레웨Kurarewe를 기반으로 활동한다. 이 회사는 마푸체족 젊은이 몇 명에 의해 시작되었다. 다른 청년들처럼 일자리를 찾아 산티아고로 떠나고 싶지는 않았지만 아라우카리아에서는 일자리를 찾을 수 없어 고민하던 이 젊은이들은 사업으로 눈을 돌렸다. 관광객들에게 자신들의 삶을 보여주는 데 동의한 12가족과 함께 사업을 시작했고, 지금은 32가족에 더해 상점, 시장, 방직 공방, 카페와 민박집 등도 사업에 참여하고 있다.

이들은 대부분 칠레인인 방문객들에게 마푸체족의 삶을 경험하고 이해할 기회를 제공하는 한편, 서로 긴밀하게 연결된 마푸체족 공동체에 생계 수단을 제공하고 있다. 페웬체 루트를 따라 7박 8일간 고대 트레킹로를 걸으며 전통 약재 및 지속가능 농법을 체험하는 프로그램부터 해설자와 함께 신성한 아라우카리아 아라우카나 나무가 울창한 숲을 산책하는 당일치기 프로그램까지 다양한 상품을 판매한다.

루타스 앤세스트럴스 아라우카리아는 환경을 배려하는 느린 관광 상품을 개발하기 위해 노력해왔다. 가이드이자 홍보를 담당하고 있는 카탈리나 마르티 푸뇨스는 "관광객은 너무 부담스럽고 '손님'이라는 말이 더 좋다. 방문하는 이들을 손님으로 대하고 싶고, 그들도 손님처럼 행동하길 바란다"고 전했다. 이들이 자부심을 느끼는 한편, 관광 산업에서 얻는 이익을 보조 수입으로 생각하고 완전히 의존하지는 않는다는 점도 주목할 만하다. 이 지역의 요리사인 아니타 에풀레프는 "이제 마푸체족의 음식이 칠레 전체와 전 세계에서 인정받고

있다. 유명 호텔 셰프가 나에게 요리법을 물을 정도"라고 뿌듯함을
전했다.

가이아나

가이아나Guyana는 신중하고 지속가능한 접근 방식으로 관광 산업을
활용한 점을 인정받아 관광 관련 상을 여러 번 수상했다. 가이아나
투어리즘 어소리티GTA: Guyana Tourism Authority's는 소수 민족 관광을 위
한 전략을 세우고 공동체 거주 구역으로 진입하는 도로와 '관광 서킷'
을 만들었다. 이런 접근 방식은 가이아나가 성공적으로 소수 민족 관
광을 운영하는 데 중요한 역할을 했다. 최근 소수 민족 4개가 친환경
숙박 시설을 짓고 직접 운영하기 시작했다. GTA의 이사인 브라이언
T. 멀리스는 "여러 공동체에서 직접 관광사업을 소유하고 운영하는
공동체 주도 관광 산업이 확장할 수 있도록 힘을 합쳐 노력하고 있다.
이런 관광 산업을 통해 여행자는 의미 있고 충만한 경험을 할 수 있
고, 지역 공동체는 지속가능한 수입을 거둘 수 있다"고 전했다.

그 밖의 예시

부커비Bookabee는 호주의 원주민aboriginal이 운영하는 소수 민족
여행 상품으로, 여행자가 호주 원주민의 역사와 문화를 이해할 수
있도록 돕고 있으며, 우디 문화 투어Wuddi Cultural Tours의 상품들 역시
지속가능성을 염두에 두고 철저하게 관리되는 문화센터에서 운영한
다. 두 여행사에서 판매하는 상품들은 각기 다른 관점의 격차를 줄
일 수 있도록 호주 여행자와 국제 여행자를 모두 고려해 설계되었다.

소규모 여행사 비짓 네이티브스Visit Natives는 완전히 극과 극의 환경인 북극권과 탄자니아에서 소수 민족과 긴밀한 관계를 맺고 현지에 가장 긍정적인 영향을 끼칠 수 있는 상품을 개발해 여행자를 매료시킨다.

잠시 멈춰 생각하기: 착취가 아니라 역량 강화하기

깨달음을 주고 발전을 돕는 여행에 관심이 높아진 지금, 여행객으로서 착취에 관해 곰곰이 생각해보아야 한다. 서로 간에 동의가 있었는지가 중요하다고 하지만 양측의 힘의 균형이 맞지 않을 때는 명확하게 판단하기가 힘들다 (여행계에서도 #MeToo 운동이 일어날지도 모를 일이다). 관광 산업에 참여할지, 어떤 경험을 제공할지를 지역 공동체나 소수 민족 스스로 통제할 수 있어야 한다. 만약 잘 모르겠다면 예약하기 전에 여행사에 문의하면 된다. 가능하다면 제3자가 계획한 상품보다 지역 공동체 스스로 설계한 상품을 선택하자. 참가비의 몇 퍼센트가 촌장이나 지도자에게 전해지는지 물어보자. 엉뚱한 사람의 주머니를 불리는 '인간 전시장' 같은 수익 구조여서는 안 된다. 외딴 시골 지역을 방문할 때는 버스에 관광객을 싣고 우르르 몰려다니는 상품은 다시 한 번 생각하고, 사진을 찍기 전에 다른 사람들이 나에게 사진기를 들이댄다면 어떨지도 고민해보자. 사진을 찍기 전에는 무조건 허락 먼저 구하자. 소수 민족 보호구역 안에서 지켜야 할 규정이 있는지 미리 알아보고 지역에서 겪고 있는 문제나 사건들도 조사해보자. 또 소수 민족과 함부로 교류하려고 하지 말자.

자연 보호하기

현재 지구를 위협하는 가장 큰 문제는 자연 서식지가 파괴되고 있다는 것이다. 환경 문제를 해결할 생각이 있다면 자연 서식지를 보호하는 데 집중적으로 관심을 쏟아야 한다. 생물 다양성을 위해서뿐만 아니라 대기 중 탄소를 저장(인간활동으로 배출되는 이산화탄소를 대기로부터 영구 또는 반영구적으로 격리하는 것-옮긴이)하고 흡수하기 위해서도 자연 서식지는 중요하다. 나사NASA에 따르면 숲은 대기 중으로 배출되는 탄소의 30%를 저장할 수 있다고 한다.

탄광 같은 채굴 산업과 산업적 규모의 농업이 점점 영역을 넓혀가는 동안 전 세계의 숲과 야생 동물 서식지가 줄어들고 자연이 훼손되었다. 브라질의 아마존에서만 하루아침에 축구 경기장 2개 크기의 밀림이 사라지고 있을 정도다.

하지만 희망은 있다. 올바른 방식으로 관리되는 관광 산업은 눈앞의 수익을 좇아 자연을 파괴하는 대신 주변 경관을 보존해 장기적으로 혜택을 얻을 수 있도록 할 수 있다. 이론적으로 확실한 경제적 이득을 주면서 경이로운 자연경관과 매력적인 문화를 보호할 수 있는 산업은 관광 산업뿐이다. 그러나 아무것도 볼 게 없어지면 관광 산업조차 쇠퇴하고 말 것이다. 관광 산업이 마지막 희망인 지역도 있다.

책임감 있는 여행은 위기에 처한 동식물을 보호하고 멋진 경관을 보존하는 데서 그치지 않고 지역 공동체 스스로 자립할 수 있도록 돕는다. 멋진 경치 주변에 사는 사람들이 관광 산업을 통해 일자리를 얻고 사업을 운영해 이익이 생기면 누가 시키지 않아도 자연을 보호하게 된다. 방문객이 경치에 감탄하며 좋은 피드백을 남길수록 현지인은 자부심을 느끼고, 잘 보존된 자연환경과 야생 동물의 가치도 점점 높아진다.

이런 관계를 잘 이해하는 단체가 '롱런'이다. 롱런에 가입된 40개 이상의 단체는 여행 기업에서 지역 문화와 공동체를 최우선으로 놓고 보존에 힘쓰도록 돕고 있다. 대표이사인 델파인 킹은 "관광 산업은 교차로에 서 있다. 사업을 운영하는 의미를 생각하며 운영 과정에 지속가능성을 적용할 수도 있고, 우리의 가장 소중한 자산이 개발이나 남용으로 산산이 조각나는 것을 구경만 할 수도 있다. 세상에는 아름다운 숙소가 많고, 사람들은 점점 창밖의 경치를 보호하고 지역 공동체에 보탬이 되는 숙소를 원하고 있다"고 전했다.

환경 보존을 염두에 두고 여행을 하면 값비싼 친환경 숙소를 이용하거나 세상 끝자락에 숨겨진 오지를 찾아다녀야 한다고 흔히들

생각하지만, 사실이 아니다. 우리 주변의 자연환경도 똑같이 존중하고 이해해야 한다. 여행지가 가깝든 멀든, 가성비를 따져 여행하든 호화롭게 여행하든 자연을 보전하는 데 도움이 되도록 여행하는 방법을 알아보자.

보호지역에 재정적으로 지원하기

전 세계적으로 관광 산업은 보호지역에 도움이 되는 경우가 많다. 보호지역은 개인이 소유한 보호구역이나 국립공원, 자연을 보호하려는 목적으로 특별히 관리되는 지역을 말한다. 기후 위기와 생물 다양성 위기를 겪고 있는 현재, 생태계는 가능한 한 영원히 지속 가능한 방식으로 보호되어야만 한다. 남아메리카와 아시아에 있는 세계에서 가장 오래된 열대 우림들은 어마어마한 양의 탄소를 흡수할 수 있어 지구상에서 가장 중요한 생태계로 여겨지는데, 열대 우림이 아니더라도 꼭 필요한 역할을 하는 보호 지역은 많다. 도시 중심에서 공기를 정화하는 역할을 하기도 하며, 바다 밑 해초밭에서 흡수하는 탄소량은 $1km^2$당으로 따졌을 때 땅 위의 숲에서 흡수하는 양보다도 많다고 한다. 관광 산업은 이러한 국립공원이나 보호구역을 관리하는 데 필요한 자금을 마련해주고 지역 주민들에게 자연이 가치 있는 자산이라는 사실을 납득시키며 우리 모두 자연을 존중하는 마음을 가지도록 격려함으로써 환경에 보탬이 된다.

인도네시아, 미솔 에코 리조트

인도네시아 라자암팟Raja Ampat 제도의 푸른 바다 한가운데 있는 미솔 해양 보호구역과 미솔 에코 리조트Misool Eco Resort는 다이너마이트 낚시, 상어 지느러미 채취, 무기질 탐사로 망가져가던 이 지역을 안타깝게 생각한 열정적인 다이버 부부 앤드류 마이너스Andrew Miners와 마리트 마이너스Marit Miners에 의해 시작되었다. 현재 보호구역은 뉴욕시의 5개 구를 다 합친 것보다 훨씬 큰 12만 헥타르 규모로, 세계에서 가장 생태학적으로 중요한 산호초 지대를 보호하고 있다. 대규모 '포획 금지' 낚시 구역을 지정하고 상어 및 가오리 보호구역을 조성한 결과, 세계자연기금으로부터 '생물종 제조소species factory'로 불리며 중요성을 인정받았다.

정부와 지역 공동체, 미솔 리조트의 노력 덕분에, 작은 친환경 리조트에 머무르며 다이빙을 즐기는 여행객은 오염되지 않은 청량한 바닷속 경치를 마음껏 누릴 수 있다. 작은 물고기가 모인 청소구역으로 가오리가 찾아오고, 대모거북과 푸른바다거북이 알을 낳기 위해 모래사장을 오른다. 흑기흉상어도 산호로 둘러싸인 얕은 바다에 새끼를 깐다. 2017년, 보호구역은 미션 블루 홉 스팟Mission Blue Hope Spot(해양생태계 보존을 위해 친환경 비영리단체 '미션 블루'에서 지정한 청정 구역—옮긴이)으로 지정되며 해양생태계에서 이 지역의 중요성을 증명해 보였다.

핀란드, 베이스캠프 오울랑카

북극권 한계선 바로 아래에 지속가능한 방식으로 운영되는 베이스
캠스 오울랑카Basecamp Oulanka는 핀란드 오울랑카 국립공원(위 사진)
의 자연 속에서 밤을 보낼 수 있는 기회를 제공한다. 오로라, 곰, 울버
린, 그리고 그리고 북극의 설경을 감상하며 잊을 수 없는 경험을 할
수 있는 장소이기도 하지만, 이보다 더 주목할 만한 사실은 죽어가던
오울랑카의 생태계가 다시 살아나고 있다는 점이다. 모험을 찾아 오
울랑카를 방문한 사람들의 재정적 지원은 세계에서 가장 넓은 숲인
타이가Taiga를 지키는 데 사용되었다. 와일드오울랑카WildOulanka 재단
은 베이스캠프 오울랑카에서 거둔 이익으로 지역 공동체 소유의 대

지(쿠사모 공용림)를 빌려 오울랑카 국립공원과 러시아의 파노제로 국립공원Paanajärvi National Park 사이에 1,000헥타르 규모의 야행동물 통행로를 만들었다. 재단은 지역에서 '친환경 경제'를 도입할 수 있도록 도움을 주었고, 지역 공동체는 벌목 산업 대신 지속가능한 삼림을 가꾸며 친환경 관광 산업에 의존할 수 있게 되었다. 이런 적극적인 보호 활동이 없었다면 늑대나 엘크 같은 동물 종이 영영 살아갈 터전을 잃었을 수도 있다.

탄자니아 잔지바르, 춤브섬

세계에서 첫 번째로 이런 노력을 시작한 장소는 잔지바르 해안에서 약 13km 떨어진 곳에 있는 길이 11km, 폭 300m의 작은 섬인 춤브섬 산호초 공원이었다(194쪽 사진 참조). 이곳의 산호초 보호구역에는 동아프리카 경산호의 90%와 자리돔과 물고기 400종이 서식하고 있다. 섬 주변에서 보호되는 다른 희귀 야생 동물로는 코코넛크랩, 푸른거북, 아더스다이커(영양) 및 혹등고래 등이 있다. 섬의 하얀 모래사장을 따라 자리 잡은 억새 지붕 객실들은 지속가능성을 가장 우선으로 두고 환경에 미치는 영향을 최소화하도록 지어져 동아프리카에서 가장 깨끗한 자연을 유지하는 데 도움이 된다.

선구적인 친환경 숙소를 방문하는 관광객 외에도 혜택을 받는 이들이 더 있다. 1995년부터 학생, 교사, 정부 관리를 포함한 현지인 9,000명이 환경 보존 교육을 받기 위해 춤브섬을 방문했다. 이들은 수영 강습(현지인 대부분이 수영을 못한다)을 받거나 스노클링을 즐기거나 섬의 교육 전용 시설에서 보존 활동에 참여할 수도 있다. 새 일자

리를 찾고자 하는 지역 어부들은 공원 관리인 교육을 받을 수 있다.

아프리카 나미비아, 윌더니스 사파리 다마라랜드 캠프

바람을 따라 끊임없이 모습을 바꾸는 나미비아의 붉은 모래 언덕 위,
토라 관리단Torra Conservancy과 윌더니스 사파리Wilderness Safaris는 특별
한 파트너십을 맺고 관광 산업과 지역 공동체가 힘을 합치면 사람과
야생 동물 모두에 도움이 될 수 있다는 것을 보여주었다. 다마라랜
드Damaraland는 1970년부터 아파르트헤이트 정책에 의해 외딴 사막으
로 쫓겨난 소수 민족의 터전이었다. 이들은 거친 사막 환경에서 희망
을 잃고 땅과 물을 끌어다 쓸 권리도 없이 살며 밀렵으로 생계를 유
지했다. 1990년대 중반, 이런 문제를 파악한 윌더니스 사파리는 지역
공동체와 함께 다마라랜드 캠프를 조성하고 코끼리와 검은 코뿔소의
서식지이기도 한 사막의 삶을 체험해보고 싶어 하는 관광객을 유치하
기 시작했다. 한때는 고용율이 거의 0에 가까웠지만, 현재 윌더니스
사파리가 제공한 교육을 통해 공동체 청년들 대부분이 관광 산업과
관련된 일을 하고 있다. 결과적으로 야생 동물과 생태계가 다시 활력
을 되찾았고, 35만 헥타르 규모의 대지가 보호받고 있다.

생태계 복구하기

관광 산업을 잘 활용하면 자연경관을 보호하는 수준을 넘어 복
구도 할 수 있다. 자연에 미칠 영향을 세심하게 살피게 되면서 전 세
계적으로 리와일딩rewilding을 위한 활동들이 점점 많이 소개되고 있

다. 리와일딩은 환경을 다시 자연 상태로 되돌려 놓는다는 의미로, 고유종을 들이고 가축을 없애서 야생 동식물이 인간 개입 이전의 모습을 찾을 수 있도록 돕는 활동이다. 관광 산업은 종종 생태계를 복구할 명분으로 사용되기도 하는데, 여행자들이 파괴된 환경보다는 건강한 환경에 지갑을 열기 때문이다. 버려진 채석장이나 농장으로 쓰이던 땅을 새롭게 가꾸면 북적이는 국립공원이나 유명 관광지를 피하려는 사람들이 찾아오게 만들 수 있다. 여행 플랫폼 '리와일딩 익스피리언스Rewilding Experiences'는 남미 지역에 있는 리와일딩 관련 숙소와 관광 상품을 소개하고, 비영리 단체 '리와일딩 유럽 Rewilding Europe'은 지역 파트너 여행사와 함께 유럽에서 가장 중요한 생태계 복원 프로젝트들을 홍보한다.

CASE STUDY

칠레, 루트 오브 파크스

칠레의 루트 오브 파크스Route of Parks는 선구적인 환경운동가 크리스틴 톰킨스Kristine Thompkins(남편 더그와 함께 톰킨스 재단을 세웠다)가 25년 동안 전략적으로 조금씩 획득한 대지를 연결하여 만든 2,700km 길이의 트레킹로로, 최근에 조성되어 환경 보전에 큰 역할을 하고 있다. 무관심과 과도한 가축 방목 때문에 멸종되는 수많은 동물을 보며 안타까워하던 크리스틴과 남편 더그는 야생 동물 통로를 만들어 자연을 파괴되기 이전 상태로 돌려놓을 계획을 세우고 칠레의 115만 헥타르의 산과 사유지를 조금씩 사들였다.

현재 새롭게 생긴 국립공원 5개가 푼타아레나스Punta Arenas, 토레스 델 파이네Torres del Paine 같은 관광객으로 북적이는 관광지와 아이센Aysén이나 푸말린Pumalín 같은 외딴 지역을 연결한다. 톰킨스 부부는 호화 여행족과 캠핑족 모두가 만족할 만한 매력적인 장소를 제공하면서 지역 공동체 안에서 친환경 소규모 관광 비즈니스가 개발될 수 있도록 노력하고 있다. 이들이 조성한 공원을 통해 지역 공동체 60개가 혜택을 받고 있으며, 보호단체인 아미고스 데 로스 파르께스Amigos de los Parques(공원의 친구)에서는 칠레 사람들이 국립공원 시스템을 활용하고 자부심을 느낄 수 있도록 노력하고 있다.

필리핀, 마숭이 지오리저브

마닐라에서 동쪽으로 45km 떨어진 곳에는 독특한 카르스트 지형을 볼 수 있는 석회암 지대가 펼쳐져 있다. 이 지역에서는 땅속으로 한없이 깊게 팬 동굴과 열대 우림 위로 우뚝 솟아 있는(198쪽 사진 참조) 바위를 심심치 않게 볼 수 있다. 1990년까지 이 지역의 자연환경은 불법 벌목과 채석 때문에 거의 파괴되다시피 했었다. 이 지역이 생태학적으로 중요하다는 사실을 인식한 필리핀 정부는 지역을 보호하기 위해 방안을 마련했고, 열대 우림 지붕 위로 예상 밖의 광경이 펼쳐지게 되었다.

필리핀 야생 동식물의 터전인 열대 우림과 석회암 바위 말고는 볼 게 없던 이 지역은 이제 거대한 거미줄을 오르고 사다리를 타고, 와이어에 매달려 외줄타기를 체험하려는 당일치기 여행자들이 꾸준히

찾는 명소가 되었다. 2015년부터 마숭이 지오리저브_{Masungi Georeserve}는 자연과 모험을 즐기고 싶어 하는 여행자들을 통해 이 지역의 생태계를 복구할 자금을 마련하고 있다. 매일 관광객 수백 명이 생체모방 기술(자연을 모방하는 기술)로 설계된 독특하고 기이한 구조물을 오르며 친환경 어드벤처를 즐기기 위해 이곳을 방문한다.

지오리저브의 트레킹로 역시 자연을 보전하는 데 도움이 되도록 설계되었다. 지금까지 자생수 4만 종을 심었고, 동식물 400종을 발견했다. 이 지역 학교 학생들은 이제 본 적도 없는 호랑이 대신 친근한 사향 고양이를 그리게 되었다. 한때 밀렵꾼이었던 사람들은 공원관리인으로 일하고 있으며 현지인 100명 이상이 일자리를 찾았다. 2017년 정부는 지속적인 보존을 약속하며 400헥타르였던 보호지역을 무려 3,000헥타르로 확장했다.

그 밖의 다른 예시

영국 콘월 지방의 이색 캠핑장인 쿠드바Kudhva의 경우, 버려진 채석장의 훼손된 자연을 되돌리기 위해 노력하고 있다. 캠핑장 주인인 루이스 미들턴Louis Middleton은 대니쉬 캐빈이라고 하는 독채형 객실과 나무 위에 설치하는 텐트를 대여해 얻은 수입으로 황량했던 채석장에 다시 나비가 날아들 수 있도록 낮은 키의 수풀과 버드나무가 자랄 수 있는 환경을 만드는 등 자연 환경을 되돌리기 위해 노력하고 있다. 조금 더 북쪽에는 영국에서 가장 열정적인 환경 프로젝트로 꼽히는 케언곰 커넥츠Cairngorms Connect가 진행 중이다. 럭셔리 관광 기업 와일드랜드Wildland와 인데인저드 랜드스케이프 프로그램 Endangered Landscape Programme의 지원을 받아 600㎢의 면적을 복구하기 위해 힘쓰고 있다.

CASE STUDY

뉴질랜드, 타히

뉴질랜드 파 노스Far North 지역 해안에 있는 타히Tahi는 새로 태어난 자연을 눈으로 확인할 수 있는 장소다. 100만 평 규모의 하구 퇴적지, 습지, 숲이 태평양의 파도가 만들어낸 황금빛 모래사장과 맞닿아 있다. 모래 언덕에서는 멸종된 모아새의 알 화석을 발견할 수 있고, 해안에서는 일 년 내내 서핑을 즐길 수 있다. 승마, 카약, 도보나 자전거 여행 등 어떤 경험을 하더라도 자연의 숨결이 느껴진다.

2004년 수잔 크레이그Suzan Craig가 이 땅을 샀을 때 이 지역에는 거의 폐허가 되어 버려진 소 농장 말고는 아무것도 없었다. 현재 우리가 볼 수 있는 풍경은 보존을 위해 14년 동안 노력을 쏟아부은 결과다. 이 지역은 한때 마오리 문화가 번성했던 비옥한 안식처였다. 하지만 1800년대 중반 유럽인들이 정착하기 시작한 다음부터 풍경이 완전히 바뀌었다. 숲은 건물을 짓고 연료를 대기 위해 마구 벌목되었고 농업이 시작되면서 야생 동물을 위협하는 온갖 균들이 창궐하게 되었다. 습지는 마르고 새들은 사라졌으며 대지는 영혼을 잃었다.

수잔 크레이그는 "이방인들이 들어오기 전, 뉴질랜드는 새들의 천국이었다. 하지만 사람들이 정착하면서 흰담비, 족제비, 설치류, 고양이, 포섬, 돼지, 염소, 토끼 등 생태계를 교란하는 포유동물들이 들어오게 되었다. 병충해 방지가 아주 중요해졌다. 현재 타히에서는 지속가능성이 삶의 지침이다. 우리는 스스로 땅의 카이티아키kaitiaki(관리인)라고 생각하며 사라진 동식물 종이 다시 돌아올 수 있도록 생태계를 복구하기 위해 열정적으로 노력하고 있다"고 밝혔다.

생물종 보존하기

2018년 세계여행관광협회WTTC: World Travel and Tourism Council에 따르면 야생 동물 관광으로 얻을 수 있는 이익이 불법 야생 동물 무역(밀렵, 덫사냥을 통해 불법으로 잡은 야생 동물을 약재나 가죽, 식자재로 판매하는 행위)으로 얻을 수 있는 이익보다 5.2배나 높다고 한다. 정부와 지역 공동체, 기업에서 죽은 동물보다 산 동물이 더 가치 있다는 사실을 알게 된다면 자연스럽게 환경을 보호할 방법을 찾게 될 것이다. 관광 산업은 이탈리아 불곰부터 미국의 매너티에 이르기까지 세계 여러 지역에서 위험에 처한 동물종을 보존할 이유를 제공한다. 어떤 종에게는 관광 산업이 마지막 희망이 될 수도 있다. 아프리칸 파크African Parks의 특사 존 E. 스캔런John E, Scanlon은 불법 야생 동물 무역을 없애기 위한 WTTC 선언('부에노스 아이레스 선언'으로 잘 알려져 있다)을 참고하면 자세한 내막을 알 수 있다고 이야기한다. 그는 "100개가 넘는 기업들이 우리의 뜻을 지지하고 있으며 앞으로 더 많은 이들이 함께하게 될 것이다. 여행자는 지역 환경 보존 프로젝트를 지지하는 착한 여행사를 이용하고, 불법으로 유통되는 야생 동물과 관련된 제품을 구매하지 않으면서 의심스러운 활동을 보고할 수 있다"고 덧붙였다.

CASE STUDY

루마니아, 카르파티아

유럽들소는 보호가 절실히 필요한 동물 중 하나다. 루마니아 카르파티아Carpathia 산맥과 계곡에 서식하는 이 종은 18세기 말부터 야생에서 사냥당하기 시작했으며 현재 국제자연보전연맹Union for Conservation of Nature의 '감소 추세종'으로 분류된다. 지난 5년 동안 리와일딩을 위해 다방면으로 노력한 결과 루마니아에서 유럽들소가 개체 수를 늘려가기 시작했다. 이런 긍정적인 변화는 비영리 기구 파운데이션 컨저베이션 카르파티아FCC: Foundation Conservation Carpathia에서 추진 중인 20만 헥타르 이상의 숲을 보존해 '유럽의 옐로스톤'을 만드는 프로젝트에 도움이 된다. 유럽들소의 개체 수를 늘리고 숲을 살릴 수 있느냐는 지속가능 관광 산업에 크게 의존하게 된다. 보존 활동을 통한 혜택이 있어야 현지인의 동참을 끌어낼 수 있기 때문이다. 유러피안 네이처 트러스트European Nature Trust나 유러피안 사파리 컴퍼니European

잠시 멈춰 생각하기: 동물 복지

전 세계의 동물이 '관광'이라는 이름으로 학대당하고 있다. 약에 취해 사진 촬영 모델로 쓰이거나 공연을 하도록 가혹한 훈련을 받기도 하고 동물원 또는 이름만 '보호구역'인 장소에 갇혀 고통받기도 한다. 영국여행사협회Association for British Travel Agents에서는 동물 복지 문제를 명확하게 규정하기 위해 2019년 야생 동물 관광 가이드라인을 수정했다. 관광객과 동물과의 모든 접촉, 유인원·곰·나무늘보·악어에게 먹이 주기, 타조 타기, 야생 고양잇과 동물 관광용으로 길들이기 등이 용인될 수 없는 행위로 규정되었다. 또, 야생 동물이 도망가지 못하도록 만든 다음 사진을 찍거나 안아보는 것, 야생에서 동물과 접촉하는 것도 비윤리적인 활동으로 분류되었다. 코끼리 쇼나 코끼리 타기, 코끼리와 수영하기 같은 체험도 마찬가지다. 고래와 돌고래 보호구역에서는 수족관에 갇힌 돌고래 또는 고래와 상호작용하는 체험 대신, 책임감 있게 운영하는 여행사를 통해 바다로 나가 고래를 관람하도록 권한다(책임 여행을 추구하는 여행사라면 아예 수족관 고래 체험 상품을 판매하지 않을 것이다). 2019년 상업 잡지 〈위치?Which?〉는 탐사보도를 통해 트레일파인더Trailfinders, 버진홀리데이Virgin Holidays, 익스피디아Expedia를 포함한 거대 기업 10개 중 9개가 아직도 비윤리적인 동물 체험 상품을 판매하고 있다고 보도했다.

Safari Company 같은 여행사들은 여행자와 지역 사람들 모두가 만족할 수 있는 유럽물소 사파리 상품을 개발하고 있다.

르완다, 아카게라 국립공원

존 E. 스캔런은 다시 활기를 되찾는 생태계에서 관광 산업이 가진 힘을 볼 수 있다고 이야기한다. 그는 "10년 전만 해도 르완다의 아카게라 국립공원Akagera National Park에서는 여행객을 거의 찾아볼 수도 없

었을 뿐만 아니라 밀렵이 성행하고 있었고, 지역 주민들은 이 땅에서 아무런 금전적 이득을 얻지 못했다. 이 지역은 거의 폐허나 다름없었다. 그로부터 10년 후, 아프리칸 파크스African Parks와 르완다 개발청의 파트너십 덕분에 아프리카 빅 5라 불리는 동물들이 모두 국립공원 안에서 보금자리를 꾸렸고, 밀렵꾼은 자취를 감췄으며, 2성급부터 5성급까지 숙소 3개가 개발되기도 했다. 2019년에는 관광객 5만 명 이상이 공원을 방문했는데, 이 중 절반은 르완다인이었다. 이후 이 지역에는 안정적인 일자리가 생길 수 있었다. 현재 국립공원은 생태학적·재정적·사회적으로 매우 풍요로운 상태를 유지하고 있으며, 운영비용의 90%를 자체적으로 충당할 수 있을 만큼 수익을 내고 있다"고 밝혔다.

케냐, 보라나 로지

아프리카에는 야생 동물이 생존하는 데 중요한 역할을 하는 사설 관광업체가 많다. 우뚝 솟은 케냐산 발치에 광활하게 펼쳐진 라이키피아의 사바나에는 보라나 로지Borana Lodge와 약 1만 3,000헥타르 규모의 보호구역이 자리 잡고 있다. 버팔로, 코뿔소, 사자, 코끼리의 본거지인 이 보호구역은 케냐에서 가장 인기 있는 여행지다. 2014년, 바

로 옆에 있는 보호구역인 레와 컨저번시Lewa Conservancy와 보라나를 가로막던 울타리가 없어지면서 케냐에서 가장 큰 규모의 코뿔소 서식지가 탄생했다. 현재 약 현재 3만 8,000헥타르 규모의 대지에서 코뿔소 200마리가 서식하고 있으며 케냐에 서식하는 검은 코뿔소 중 14%가 이곳에서 살고 있다. 보라나 로지의 대표이사 마이클 다이어Michael Dyer는 "코뿔소에게 서식지를 제공하려면 엄청난 노력이 필요하다. 대지를 마련해 유지하고(수컷 코뿔소 한 마리가 살아가는 데 대지 12km²가 필요하다) 밀렵이 일어나지 않도록 감시하는 비용이 엄청나다. 관광 산업의 도움이 없으면 절대 마련할 수 없는 돈"이라고 전했다.

인도네시아, 쎔페닥

아름다운 풍경과 가까이 사는 사람들이 자신의 미래를 스스로 계획한다면 자연환경은 훨씬 성공적으로 보존될 수 있다. 밀렵꾼이 야생동물 관리인이 되면 야생 동물의 미래에 긍정적인 영향을 미칠 수 있고, 이 과정에 관광 산업이 보탬이 될 수 있다는 사실은 상당히 희망적이다. 인도네시아의 친환경 리조트 쎔페닥Cempedak은 이 지역에서 수상 유목 생활을 하는 소수 민족 오랑라우트족과 긴밀히 협력해왔다. 사냥당한 희귀 포유류 듀공의 운명과 환경 보존을 주제로 부족민들과 여러 차례 의견을 나눴고, 그 영향으로 공동체 지도자이자 5대째 듀공 사냥꾼인 무사Musa는 살아가는 방식을 바꾸게 되었다. 현재 그는 듀공 사냥을 그만두고 쎔페닥을 방문한 여행객들에게 듀공을 소개하는 가이드로 일하고 있다.

코스타리카, 씨 터틀

코스타리카에서도 이와 비슷한 시도가 있었다. 비영리 보호단체인 '씨 터틀SEE Turtles'은 여행 상품을 통해 자금을 마련하고 거북이 둥지로 유명한 장소 근처에 사는 주민들을 교육한다. 현지인 교사 100명과 공동체 지도자들이 거북이 보호 교육을 받았으며, 학생 2,000명이 거북이 둥지가 있는 해변으로 현장학습을 나오기도 했다. 거북이를 보호하기 시작한 뒤 지역 상권은 30만 달러의 수입을 거뒀고, 갓 부화한 새끼 거북 170만 마리가 무사히 바다로 떠날 수 있었다.

라이노 위드아웃 보더스와 라이언스케이프

관광 산업은 협업을 통해서도 야생 동물을 보호할 수 있다. 경쟁 업체였던 앤비욘드andBeyond와 그레이트 플레인스 컨저베이션Great Plains Consevation은 함께 시작한 라이노 위드아웃 보더스Rhinos without borders(국경 없는 코뿔소회—옮긴이) 프로젝트를 위해 500만 달러를 모금했다. 또한 레오나르도 디카프리오 재단Leonardo DiCaprio Foundation의 지원을 바탕으로 사파리 여행사 여러 개가 공동으로 설립한 단체인 라이언스케이프 코얼리션Lionscape Coalition은 대륙 전체를 아우르는 사자 보존 프로젝트를 진행하고 있다.

시민 과학에 기여하기

시민 과학을 통해 일반인들은 자연에서 데이터를 수집하는 과학자
와 환경운동가를 도울 수 있다. 시민 과학은 관광을 통해 중요한 환
경 보호 활동에 보탬이 될 수 있는 효율적이고 직접적인 방법 중 하
나다. 야생 동물에 관한 조사를 진행하거나 동식물종을 모니터링하
거나 온라인 공동협력 플랫폼에 사진을 올릴 수도 있다. 확실한 목적

을 가지고 여행하려는 사람들이 많아지면서 할 수 있는 일의 범위도 점차 다양해지고 있다. 온전히 시민 과학을 위해 여행해도 좋고 여행지에서 시민 과학 프로젝트에 참여할 수도 있다. 누구든 직접 찍은 야생 동물 사진을 업로드할 수 있는 바이오블리츠Bioblitz와 아이내츄럴리스트iNaturalist 같은 시민 과학 프로젝트 총 3,000여개가 현재 진행 중이다.

CASE STUDY

바이오스피어 익스페디션

UN 환경 프로그램의 멤버인 바이오스피어 익스페디션Biosphere Expeditions(생물권 탐험-옮긴이)은 1999년부터 의미 있는 여행을 통해 지

속가능한 지구를 만들기 위해 노력하고 있다. 바이오스피어의 첫 번째 원정에서는 일반인 한 팀이 폴란드의 카르파티아 산맥을 찾아 늑대를 연구했고 이 조사를 바탕으로 늑대 사냥 금지 운동이 시작되었다. 그밖에 러시아 연방 알타이 공화국에 있는 세이류젬스키Saylyugemsky 국립공원의 틀을 잡는 데에도 바이오스피어 익스페디션 원정대의 데이터가 사용되었고 우크라이나에서 새로운 국립공원을 조성하는 데에도 도움을 주었다.

현재 바이오스피어 익스페디션은 전 세계에서 지역적으로 운영되는 야생 동물 연구와 보존 활동에 여행객이 참여할 수 있도록 돕고 있다. 예를 들어 아랍에미리트에서는 두바이 사막 보존 지역에서 아라비아 오릭스, 야생고양이 등 고유 생물종을 연구하는 과학자들과 함께 아라비아반도의 상징인 모래사막을 탐험할 수 있으며 키르기스스탄에서는 외딴 텐산 산맥에 사는 눈표범을 보존하는 활동에 참여할 수도 있다. 텐산 산맥 원정대는 이동식 캠프 기지에서 소규모 다국적 팀과 협력하여 야생 동물의 흔적과 사체, 배설물을 찾고 정찰 카메라를 설치하는 일을 하게 된다.

바이오스피어 익스페디션의 창립자인 마티아스 해머 박사Dr. Matthias Hammer는 20년간의 경험을 바탕으로 봉사 프로젝트를 현명하게 선택해야 한다고 강조한다. 프로젝트 관리자의 자격이 충분한지, 자금이 어떻게 쓰이는지, 동물 복지 가이드라인이 있는지 꼼꼼하게 확인하고, 지역 공동체와 함께 일하며 이들에게 필요한 도움을 줄 수 있어야 한다고 조언한다. 그는 "봉사활동을 생각하고 있다면 프로젝트와 현지 사람들의 관계가 어떤지 파악하고 프로젝트에 현지인이 동참하는지도 조사해야 한다. 예를 들어 공동체가 어떤 혜택을 받는지, 진행될 프로젝트에 동의했는지, 어떤 방식으로 참여하고 있는지 알아보고, 현지인들을 위한 직업 훈련이나 장학혜택, 역량을 강화할 기회나 교육 등을 제공하는지도 조사해야 한다"고 전했다.

그 밖의 다른 예시

전 세계에 다양한 기회가 열려 있다. 와일드씨Wildsea는 풍요로운 유럽 해안에서 진행하는 해양 시민 과학 프로젝트를 한데 모아 소개하고 있으며 오셔닉 소사이어티Oceanic Society는 스노클링 탐사 기회를 제공한다. 한편 어쓰워치Earthwatch는 밀렵꾼을 퇴치할 전략을 개발하기 위해 모험가들과 함께 아마존의 잘 알려지지 않은 지역을 탐험하며, 머치베터어드벤처 벨리즈Much Better Adventures Belize는 카리브해 생태계를 교란하는 쏠배감펭(쏨뱅이목 양볼락과의 바닷물고기-옮긴이)종을 제거하는 리프 컨저베이션 인터내셔널Reef Conservation International의 활동을 도울 수 있는 상품을 판매한다. 멕시코의 서스테이너블 트래블 인터내셔널Sustainable Travel International에서는 여행자가 멕시코의 메조아메리카 대보초를 보호하는 활동에 참여할 수 있도록 'NEMONatural Environment Marine Observer(자연 및 해양 환경 관찰자-옮긴이) 운동'을 개시했다.

시민 과학에 참여한다고 해서 거창한 탐사를 떠날 필요는 없다. 영국에서 와일드라이프 트러스트Wildlife Trusts나 왕립조류보호협회 RSPB: Royal Society for the Protection of Birds 같은 단체에서 덜 알려진 야생 동물종을 관찰할 수 있는 장소를 소개하고 이들을 보호하는 데 보

탬이 될 기회를 제공한다. 예를 들어 왕립조류보호협회에서는 바다
오리 개체 수와 위치를 파악하기 위해 바다오리를 발견한 사람들이
직접 찍은 사진을 수집한다. 미국을 기반으로 활동하는 네이처 컨
저번시Nature Conservancy는 호텔과 관광객을 통해 얻은 데이터를 바
탕으로 잘 보존된 산호초를 통해 매년 360억 달러의 수익을 창출할
수 있다는 사실을 증명했고, 이 자료는 각국 정부에서 산호초 보호
에 힘쓰도록 설득하는 데 쓰이기도 했다.

지역 살리기

/

과잉관광의 반대인 '관광 부족undertourism'은 절망적으로 관광객이 필요한 상황을 말한다. 보통 평판이 나쁘거나 자연재해 또는 인재로 폐허가 된 장소들이 관광 부족 문제를 겪는다. '책임 여행'을 하는 여행자라면, '관광 부족'으로 어려움을 겪고 있는 여행지를 선택할 때 아주 알찬 여행을 할 수 있을 것이다. 이런 장소에서는 관광객이 사용하는 돈이 가장 멀리까지 전달되어 현지인들의 삶을 회복하는 데 도움을 줄 수 있기 때문이다.

자연재해 때문에 영향을 받은 지역으로는 2015년 파괴적인 지진 이후 하루아침에 관광 산업이 무너져버린 네팔이나 대규모 자연재해를 겪은 아이티, 모잠비크, 태국을 꼽을 수 있다. 기후 위기를 겪고 있는 오늘날, 안타깝게도 이런 장소들은 점점 늘어날 것이다.

시민 소요사태나 정치적 갈등, 테러나 질병도 여행지에 관한 관심

을 하루아침에 꺼뜨릴 수 있다. 2016년 폭동 이후 이집트의 연간 방문객 수가 1,000만 명 가까이 급락했고, 스리랑카에서는 2019년 폭탄 테러 이후 관광객이 57%나 줄었다. 코로나19 바이러스는 그렇지 않아도 최악의 피해를 입었던 지역의 상황을 더 절망적으로 만들었다. 나라의 평판을 회복하고 관광객이 돌아오도록 하는 데는 수십 년이 걸릴 수 있고, 그동안 현지인 수백 명은 살길이 막막해진다. 미디어는 위기를 보도하는 데는 신속하지만 회복되었다는 뉴스는 아주 느긋하게 전달한다. 보통 대담한 모험가들이 이런 지역을 가장 먼저 방문하는데, 그들은 현지인들에게 삶을 되찾을 수 있다는 믿음을 주고 희망을 전달하는 역할을 하기도 한다.

NHL 스텐든 대학교Stenden University 교수이자 연구자인 관광 전문가 피터 싱글턴Peter Singleton은 "관광 산업이 침체된 여행지를 되살리려면 일단 이런 지역을 방문하기로 마음먹어야 한다. 그러려면 현지 상황이 보도자료 사진에서 보이는 것보다 안전할 가능성을 고려할 수 있도록 객관적이고 열린 자세가 필요하다. 이런 사진은 진짜 현실을 반영하지 않는 경우가 종종 있고, 여행사와 관광객은 다른 사고 방식으로 생각해야 한다"고 주장한다.

물론 사건이 터졌다는 소식을 듣자마자 비행기에 올라타는 것도 책임감 있는 행동은 아니다. 긴급 구조대와 전문가가 최전선에서 복구 작업을 시작하려면 시간과 공간, 넉넉한 후원금이 필요하다. 책임감 있는 여행자의 역할은 좀 더 나중에 생긴다. 긴급대응이 끝나고 나면 현지인들은 다시 삶으로 돌아가 관광객을 맞이해야 한다. 단순히 경제에만 도움이 되는 것이 아니다. 관광 산업은 이런 현장에서 사람들의 삶을 복구하고, 자연환경을 되살리고, 상처를 치유하고, 희망을 불어넣어 사람과 장소를 어둠 속에서 끌어올릴 수 있다.

자연재해 피해 복구하기

여행자로서 자연재해로 입은 피해를 복구 중인 지역을 돕고자 한다면 방법이 세 가지 있다. 도움이 필요한 곳에 가서 현장 자원봉사를 하거나, 피해 입지 않은 지역을 돕거나, 복구 작업이 끝나고 난 후 여행지의 명성을 회복하는 데 도움을 줄 수도 있다. 자연재해 정도나 여행지의 상황이 다르므로 여행을 예약하기 전에 반드시 조사해야 한다. 지역 뉴스를 참고하거나 관광청에 문의해 현장에 있는 사람들의 의견을 알아보면 좋다. 관광 상품을 이용하지 않더라도 책임감 있는 방식으로 운영하는 믿을만한 여행사에 정보를 요청하자. 리스펀서블 트래블, 머치베터 어드벤처Much Better Adventures, 인트레피드Intrepid는 위기를 겪은 지역의 상황을 신중하게 조사해 정보를 제공하는 업체들이다.

CASE STUDY

네팔

네팔에서 비슷한 상황이 있었다. 고르카에서 발생한 리히터 8.1 규모의 강진이 카트만두 지역 대부분을 폐허로 만들기 전에, 이 지역에는

관광 산업과 관련된 일자리가 50만 개 있었다(트레킹에는 노동력이 많이 필요하다). 지진이 발생한 후 몇 년 동안 이 지역을 찾는 관광객 수는 32% 감소했다. 봉사 여행은 까다롭게 따져보고 참여해야 하지만 (148쪽 '잠시 멈춰 생각하기: 자원봉사여행' 참조), 전문가들은 네팔의 경우에는 지역을 복구하기 위해 관광 산업의 도움이 꼭 필요하다고 주장했다. 아시아태평양 관광협회는 여행사, 지역 공동체, 정부와 함께 네팔의 관광 산업을 빠르게 회복시키기 위한 대책 위원회Nepal Tourism Rapid Recovery Taskforce를 조직했고, 피해 복구 기금을 마련하고 여행객을 맞이하기 위해 자원봉사여행을 활용했다.

피해를 입은 지역은 복구 작업이 시급했지만 피해가 거의 없었던 지역에는 관광객이 계속 방문하도록 만들어야 했다. 포카라(위 사진) 위쪽의 유명한 트레킹 루트 안나푸르나 서킷도 이런 지역이었다. 적어

도 트레킹하는 데는 아무 지장이 없는데도 게스트하우스와 포터, 가이드들은 지진 이후 경제적으로 크게 손해를 보았다. 문제를 해결하기 위해 리스펀서블 트래블은 여행사와 함께 트레킹과 봉사활동을 결합한 상품을 개발했고, 참가비의 30%는 지진 피해 복구에 쓰일 수 있도록 했다.

도미니카

2018년 9월 허리케인 마리아가 도미니카를 휩쓸면서 집, 공동체, 자연이 모두 파괴되었다. 울창했던 숲에서조차 더 이상 녹색 빛을 찾기 어려웠고 온전하게 남아 있는 나무를 찾아보기 힘들었다. 단 몇 시간 만에 관광 관련 회사들은 완전히 주저앉고 말았다. 그렇지만 이들은 언제나처럼 인간이 가장 잘하는 일을 해냈다. 지역 주민과 함께 힘을 모아 조금씩 현장을 복구하고 삶을 이어나갔다.

도미니카의 '쓰리 리버스&로잘리 포레스트 에코 로지'3 Rivers&Rosalie Forest Eco Lodge(220쪽 사진)의 설립자인 젬 윈스턴Jem Winston은 섬을 복구하는 데 관광 산업이 얼마나 중요한 역할을 했는지 떠올리며 "관광 산업이 없었더라면 다시 일어서지 못했을 것이다… 허리케인 이후 투숙객은 우리 숙소뿐만 아니라 주변 마을을 복구하기 위해 귀한 시간을 내주었다. 게다가 우리의 파트너 중 하나인 Responsibletravel. com에서는 봉사 여행 패키지를 제안하고 기획도 도와주었다. 그렇게 찾아온 방문객 중에는 유용한 기술을 가진 사람들도 있었다. 방문객이 치른 숙박료도 정말 도움이 되었다"고 전했다. 현재 도미니카는 클린턴 재단과 프린스 트러스트의 지원을 바탕으로 '세계에서 가장 기후 위기 복원력이 뛰어난 국가'로 거듭나기 위해 노력하고 있다.

푸에르토리코

허리케인 마리아가 푸에르토리코를 휩쓴 뒤 현지인 대부분이 집을 잃은 상황에서 여행객들이 '올인클루시브all-inclusive(일정에 필요한 비용을 모두 포함해 판매하는 여행 상품-옮긴이)' 리조트에서 호화로운 여행을 즐기는 것이 옳은 일인지에 대해 논란이 있었다. 하지만 디스커버 푸에르토리코Discover Puerto Rico의 CEO 브래드 딘은 내셔널 지오그래픽과의 인터뷰에서 다음과 같이 의견을 밝혔다. "현지인들은 관광 산업이 푸에르토리코의 경제에 엄청나게 중요한 역할을 한다는 사실을 잘 안다. 푸에르토리코를 방문하는 사람을 몰상식하다고 여겨서는 안 된다. 경제에도 도움이 될 뿐만 아니라 푸에르코리코 사람들에게

잠시 멈춰 생각하기: 기후 위기 속 여행

관광객들에게 사랑받는 지역에 자연히 재해가 발생할 때마다 소셜미디어 피드에는 절망적인 통계, 도움을 요청하는 글, 해당 지역으로 여행하라고 홍보하는 게시물로 가득 찬다. 이런 대응은 사람들의 마음을 움직이기에 좋고, 어느 정도 진정성도 있지만, 그보다는 상황을 잘 살피고 더 큰 그림을 그리는 쪽이 훨씬 도움이 된다. 지구의 현재 상황과 자연재해가 관련이 있을까? 살던 대로 살아도 괜찮을까, 아니면 근본적으로 행동을 바꿔야 할까? 조사하다 보면 기후 위기와 관련된 자연재해로 피해를 입은 지역을 도우러 가기 위해 탄소를 몇 톤이나 배출하는 모순을 피하고 싶어질지도 모른다. 직접 현장에 가는 대신 장기적인 해결책을 찾는 현지의 보호단체에 기부를 좀 더 할 수도 있다. 혹은 탄소 발자국을 줄여야겠다는 의지가 불타오를지도 모른다. 여행하는 방법을 바꿀 수도 있다. 5년 동안 가뭄이 계속되면서 호주 산불이 예전보다 심각해졌다. 호주를 여행하게 된다면 여행을 통해 가뭄을 예방하는 데 도움을 줄 방법을 찾아보자. 집약적 농장보다 회복력이 있는 자연 생태계를 복구하고 보호하는 현지인이나 기업을 지지해보는 건 어떨까. 한 걸음 더 나아가, 장기적으로 지역을 발전시키기 위해 자연재해를 통해 무엇을 배울 수 있을지 생각해보자. 단순히 피해를 복구하는 데 그치는 것이 아니라 변화를 끌어내는 건설적인 도움을 주도록 노력하자.

관광 산업 안팎의 일자리도 제공한다. 우리는 언제나 따뜻하게 관광객을 맞았고, 지금도 다르지 않다."

그 밖의 예시

도미니카, 푸에르토리코, 네팔 외에도 피해 복구 과정에 함께하는 책임 관광 산업 예시는 더 있다. 일본에서는 2011년 쓰나미 이후 현지인들이 블루 투어리즘Blue Tourism 캠페인 그룹을 조직해 직접 지역 홍보에 나섰다. 2004년 필리핀, 고아, 말레이시아의 동쪽 해안과 같은 쓰나미 피해가 없었던 동남아시아 지역에서는 '경제적 쓰나미'를 우려해 여행사들에 관광객을 보내 달라고 호소했다. 좀 더 최근에는 캘리포니아, 오레곤, 워싱턴주에서 운영하는 비영리 웹사이트 웨스트코스트 투어리즘 리커버리 코얼리션West Coast Tourism Recovery Coalition에서 산불에 관한 정보를 실시간으로 제공했다. 여행객이 안전하게 캘리포니아를 관광할 수 있도록 하는 동시에 잘못된 소문이 퍼지지 않도록 예방도 할 수 있었다.

호주에서도 비슷한 문제에 신중하게 접근하고 있다. 2020년에 발생한 재앙 수준의 산불은 아직 영향이 파악되지 않았다. 한편 친환경 여행사들은 산불에 영향을 받은 지역을 위해 백방으로 노력하고 있다. 그중에 한 예로 전문 여행사 AAT 킹즈AAT Kings는 엠티 에스키 Empty Esky와 파트너십을 맺고 산불 구호 체험 상품들을 개발했다. 현지인이 시작한 이 캠페인은 산불 피해를 입은 지역을 재정적으로 지원하기 위해 여행객들에게 이런 지역을 홍보한다. 산불 피해를 입은 마을을 가까이에서 볼 수 있으며 수익의 100%가 도움이 절실히 필요한 소상공인이나 농부에게 돌아간다.

갈등에서 벗어나기

말도 안 되는 이야기 같겠지만 지속가능한 관광은 평화를 유지하는 데도 도움이 된다. 2016년 경제평화협회Institute of Economics and Peace와 세계여행관광World Travel and Tourism에서 시행한 조사에 따르면 '지속가능하고 개방적인 관광정책을 시행하는 국가는 높은 수준의 적극적인 평화를 누릴 확률이 높다'고 한다. 관음증적인 관심을 해소하기 위해 전쟁 지역으로 달려가는 '다크투어리즘' 같은 여행이 아닌, 모두에게 보탬이 되면서 윤리에 어긋나지 않는 올바른 관광 산업은 문화 장벽이나 국가 간 장벽을 무너뜨리고 평화를 위한 기념비를 세울 자금을 마련하거나 전통적으로 갈등 관계인 부족이 서로 협력하는 동기가 마련하는 데 도움이 된다. 자연재해로 어려움을 겪고 있는 지역에 희망을 전하고 지역 경기가 활기를 되찾도록 도울 수도 있다. 이런 지역에 가장 빠르게 도움을 주는 분야는 모험 관광 Adventure tourism인데, 하이킹로나 사이클링 루트는 기반 시설이 많이 필요 없고 여행객의 돈이 현지인이 운영하는 게스트하우스처럼 가장 절실한 곳에 쓰이기 때문이다. 현지인들의 요구를 가장 우선으로 놓고 여행자의 편견을 깨는 와일드 프론티어Wild Frontier 같은 훌륭한 여행사를 통해 여행해도 좋다.

CASE STUDY

발칸의 꼭대기

하이킹로처럼 단순한 장소에도 평화가 깃들어 있을 수 있다. 여러 국가를 가로지르며 192km에 걸쳐 이어지는 피크스 오브 발칸Peaks of Balkans은 국경을 뛰어넘어 마음을 열어주는 여행으로 인정받으며 2013년 '내일을 위한 관광상Tourism for Tomorrow Awards(지속가능한 경영을

성공적으로 수행하고 있는 기업에 수여하는 상-옮긴이)'을 받았다. 하이킹로는 오래전 양치기들이 사용했던 길로, 알프스 산맥을 따라 구불구불 이어져 해발 2,300m 높이까지 올라간다. 전쟁으로 폐허가 되었던 코소보, 몬테네그로, 알바니아를 지나며 현지인에게 수입원이 되어주는 동시에, 밝은 미래를 위해 서로 협력해야 한다는 사실을 일깨워준다. 길을 조성하면서 가장 힘들었던 과정은 국경을 무료로 통과할 수 있도록 국경 경찰을 설득하는 과정이었다고 한다.

알바니아

관광 산업은 모든 나라에 희망을 전할 수 있다. 1990년대 공산주의

몰락 이후 폭동이 끊이지 않았던 알바니아는 한때 가난한 나라 또는 마피아의 근거지로 알려지기도 했지만, 이제는 여행객 사이에서 점점 인기를 얻고 있다. 알바니아에 처음 발을 들이기 시작한 것은 매력적인 해변과 등산로, 세계문화유산으로 지정된 오스만 제국의 건축물, 유럽에서 가장 정교하고 아름다운 모스크에 매료된 모험적인 여행자들이었다. 유럽에서 가장 빈곤하면서 빈부격차 역시 심한 국가이지만 책임감 있게 운영되는 관광 산업을 통해 자영업자가 수입을 얻으면 지방에까지 혜택이 고르게 돌아갈 수 있다. 지속가능한 관광은 특히 소외된 지역 공동체나 여성이 전통적인 삶의 방식을 포기하지 않고 기회를 얻을 수 있도록 할 수 있다.

관광 산업은 이보다 민감한 역할을 맡기도 한다. 머치베터 어드벤처의 공동 창립자인 샘 브루스Sam Bruce는 "동유럽이 얼마나 대담한지 알고 나면 깜짝 놀랄 것이다. 보스니아 같은 지역에서 아픈 과거에 대해 먼저 이야기를 꺼내는 사람은 없다. 하지만 지역 가이드들에게 조심스럽게 물어보면 기꺼이 털어놓고 이야기해주었다. 이들은 자신들의 이야기를 들려주고 싶어 한다. 아직 기회를 찾지 못했을 뿐이다. 서로 다른 사람과 문화끼리 잘 이해할 수 있게 되는 것이 모험 여행의 핵심 아닌가"라고 전했다.

르완다

연구소인 '스위스 피스SwissPeace'에서 실시한 조사에 따르면 중앙아프리카의 고릴라 관광이 국가 간 협력을 끌어내는 데 중요한 역할을 하고 있다고 한다. 한때는 적이었던 르완다, 콩고민주공화국 우간다의

브룽가 브윈디Virunga-Bwindi 지역은 고릴라 보호라는 공통 관심사를
바탕으로 힘을 합쳐 국경을 초월한 공원을 조성했다.

르완다에서는 관광 기업과 지역 공동체가 힘을 합쳐 분쟁이 있었
던 지역의 취약계층이 사회에 적응할 수 있도록 도왔다. 한 예로, 화
산 국립공원 안에 있는 사비인요 실버백 로지Sabyinyo Silverback Lodge
를 지은 것은 사파리 여행사이지만, 운영은 주변 마을의 저소득
층 6,000명을 대표하는 공동체 신탁인 '사비인요 공동체 로지 협회
SACOLA: Sabyinyo Community Lodge Association'에서 맡고 있다.

그 밖의 예시

과거에 분쟁이 있었던 지역을 여행한다면 분단의 아픔을 치유하
거나 역사를 잘 이해하는 데 도움이 되는 즐길 거리를 찾아보자. 콜

롬비아, 브라질, 스리랑카, 과테말라, 멕시코, 벨리즈에서 활동하는 여행사 저스티스 트래블Justice Travel은 여행객이 현지의 문제를 가까이에서 경험할 수 있도록 돕는다. 멕시코에서는 길거리 예술 관광을 기획했으며 콜롬비아에서는 전 FARC(콜롬비아 무장 혁명군-옮긴이) 게릴라군과 함께하는 트레킹 상품을 기획하는 등 다양한 활동을 통해 여행객들이 '인종차별적인 국가주의, 미디어에 의한 차가운 시선, 스스로 그어놓은 자신만의 경계를 뛰어넘어 밝고 정의로운 미

잠시 멈춰 생각하기: 위험 감수

개인적으로 책임져야 할 위험이 있다는 것을 잊지 말자. 캐나다 정부의 해외 여행 경고 페이지에서는 인도네시아, 인도, 네팔, 페루, 필리핀, 영국을 여행할 때 여행자 스스로 '높은 수준으로 주의'해야 한다고 안내한다. 한편 미국도 '테러리스트의 공격이나 시위를 포함한 정치적인 폭동, 범죄 활동 및 다른 안보와 관련된 사건이 경고 없이 발생할 수 있으니, 해외여행 시 매우 경계'하라고 경고한다. 휴가 때 위험한 상황이 생길 수 있다고 생각하고 싶지 않을 것이고, 사회적인 불안 요소를 마주하기는커녕 아무런 결정을 하고 싶지 않을 수도 있다. 하지만 모험을 하고 싶고 세상을 지금보다 잘 이해하고 싶다면 어쩔 수 없이 위험을 감수해야만 한다. 편안함에서 벗어나야 편견에 맞서며 세상을 올바르게 이해할 수 있다. 불편함을 감수할수록 감각이 또렷해지고 시야가 넓어지면서 깨달음을 얻을 수 있을 것이다. 물론 위험을 어디까지 감수할지는 사람마다 받아들일 수 있는 한계가 다르다. 하지만 전 세계가 과잉 문제로 골치를 앓는 지금, 터키, 이란, 파키스탄, 스리랑카, 시에라리온, 니카라과 같은 비주류 지역을 여행할 이유는 충분하며, 어쩌면 이런 여행이야말로 때 묻지 않은 전통을 경험하고 큰 깨달음을 얻을 수 있는 경험일지 모른다. 여행지에도 놀랄만한 변화를 일으킬 수 있다.

지속가능한 여행을 하고 있습니다

래를 실현'할 수 있도록 돕기 위해 노력하고 있다. 아일랜드의 벨파스트 프리 워킹 어Belfast Free Walking Tour는 한때 정치범으로 복역했던 구교도 및 신교도(벨파스트 지역은 개신교와 가톨릭 간 갈등이 심해 분쟁이 끊이지 않던 지역이다—옮긴이) 공동체 사람들과 함께 도시를 관광하는 상품으로 북아일랜드 분쟁을 되돌아볼 수 있는 좋은 기회를 제공한다. 팔레스타인에서는 신성한 장소 혹은 폭력적인 갈등이 일어나는 지역으로 굳어버린 국가 이미지를 개선하기 위해 시라즈 센터 팔레스타인Siraj Center Palestine을 세우고 여행객에게 하이킹로와 민박 등을 소개하고 있다.

도시 개발하기

/

2050년이면 전 세계 인구의 3분의 2가 도시에 살게 된다고 한다. 현재 도시가 차지하는 면적은 전 세계 대지의 3%에 불과하지만, 도시에서 각종 오염의 4분의 3이 발생하며 에너지의 70%를 소비한다고 한다. 이런 상황에서 기후 위기에 맞서려면 도시를 지속가능하게 만드는 수밖에 없다. 지구가 살아남느냐를 뛰어넘어 지구의 건강과 행복을 바란다면 그렇게 되어야만 한다.

관광 산업은 도시의 구조와 복잡하게 얽혀 있다. 도시화를 부추길 수도 있고, 지방에 사는 사람들에게 생계 수단을 제공해 도시화를 멈추는 데 도움을 줄 수도 있다. 현지인과 방문객이 원하는 것은 거의 비슷하다. 살기 좋은 도시는 깨끗한 공기, 합리적인 비용의 교통망, 다채로운 문화, 귀한 문화유산, 마음껏 드나들 수 있는 열린 공간, 다양한 범위의 예산과 필요에 맞는 서비스를 갖추고 있고, 이런 요소들은 관광하기 좋은 장소가 갖춰야 할 조건이기도 하다. 물론 현지인에게 필요한 것들이 항상 먼저 해결되어야 하고, 관광 산업은 그 해결 과정을 쉽게 만들 수 있다.

이론적으로 도시들은 지속가능한 방식으로 생활하기에 좋아야 한다. 접근성이 좋은 도시에 사는 사람들은 경제적으로나 환경적으로 훨씬 효율적으로 살 수 있어야 한다. 하지만 현실은 반대에 가깝다. 세계 곳곳에서 도시들은 예측하지 못한 속도로 성장했고, 신중하게 지속가능성을 고려할 틈이 없었다.

지속가능성은커녕, 현재 도시들은 대부분 불평등과 오염의 원인이다. UN에서는 2030년까지 전 세계 20억 명이 빈민가에 살게 되리라고 예측했다. 선진국에서조차 경제를 발전시킬 때는 환경을 배려하기보다 발전 속도를 높이기 위해 노력한다. 그 결과 전 세계의 주요 도시들은 환경에 심각한 해를 끼치는 석유 연료를 엄청나게 소비하며 파국으로 치닫고 있다.

이런 긴장과 희망을 잘 이해하고 있으면 관광객으로서 어떻게 도시를 발전시킬 수 있을지 파악하는 데 도움이 된다. 친환경 기술, 혁신적인 해결책, 사회적 평등을 실현하고 있는 '살만한' 도시들을 방문하면 이들에게 동기를 부여하고 더 앞으로 나아가도록 보탬이 될 수 있다. 직접 방문할 수 없다면 도시를 친환경적으로 발전시키기 위해 노력하는 이들에게 자금을 지원해 대중으로부터 시작된 환경 및 사회 프로젝트를 지지할 수 있다.

또, 여행을 통해 새로운 아이디어나 혁신을 배워 우리가 살고 있는 지역에 적용하면 우리 지역이 발전하는 데 보탬이 될 수도 있다.

친환경 도시 공간

　도시 생활을 환경과 자연 친화적으로 만들기 위해서는 상당한 투자가 필요하다. 이럴 때 관광 산업이 도움을 줄 수 있고, 자연을 우선으로 생각하고 지속가능한 정책을 개발하는 지역에서는 특히 그렇다. 지난 20년 동안 녹지를 10% 늘린 싱가포르와 공원·자전거 도로를 조성하고 나무를 심어 최초로 '기후 적응 거리'를 마련한 비엔나가 좋은 예시다. 스웨덴에서 두 번째로 큰 도시인 예테보리는 '글로벌 여행지 지속가능 지수Global Destination Sustainability Index'에서 2년 연속으로 1위를 차지했다. '어디에서 묵을까'(105~129쪽)에서 언급했듯 친환경 호텔이나 숙소를 선택해 생물 다양성을 확보하고 친환경 기술을 통해 발전하면 모두를 위한 지속가능한 도시를 만들 수 있다. 사이클링 네트워크, 카약 투어, 공원에서 진행되는 보존 활동처럼 도시를 친환경으로 발전시키는 프로젝트에도 보탬이 될 수 있다.

CASE STUDY

호텔

호텔도 도시를 친환경으로 만드는 데 주도적인 역할을 할 수 있다. 건물에서 발생한 열을 통해 전력을 생성하는 프랑크푸르트의 래디슨 블루 호텔Radisson Blu Hotel이나 베트남 호이안의 보 트롱 니야 호텔Vo Trong Nghia Hotel에 숨겨진 계단식 정원은 선구적인 친환경 호텔 설계의 예시다. 독일에 위치한 크리에이티브호텔 루이제Creativhotel Luise에서는 요람에서 요람까지(제품의 설계, 제작, 사용 기간뿐 아니라 새로운 제품으로의 재활용까지 포함하는 제품의 수명 주기-옮긴이) 자재를 활용한 세계 최초 '재생 가능 호텔 객실renewable hotel rooms'을 만들었다. 천장은 짚을 올려 덮고, 카펫은 어망을 재활용해 만든 제품을 사용하는 등, 재활용 또는 생분해할 수 있는 자재를 최대한 활용해 객실을 꾸몄다.

호텔은 널리 보급되어야 할 혁신적인 친환경 아이디어를 소개하기에 가장 좋은 장소일 수 있다. UAE를 기반으로 활동하는 개발 업체 세븐 타이즈Seven Tides는 월드 아일랜드World Islands에 수경 재배 온실을 만들고 여기에서 생산된 제품을 두바이에 있는 호텔 3개에 공급할 예정이다. 수경 재배는 일반적인 작물 재배 방식보다 효율적이며 물 사용량을 90%까지 줄일 수 있다. 현지에서 식물을 재배하면 운송 과정에서 배출되는 탄소도 줄일 수 있다.

슬로베니아, 류블랴나

유럽에서 '가장 친환경적인 도시'라 불리는 슬로베니아는 도심에 친환경적인 공간이 필요하다는 사실을 다른 어느 곳보다 잘 알고 있다. 고풍스러운 돌길이 구불구불 이어진 슬로베니아의 수도 류블랴나는 환경을 배려하며 멀리 내다보는 도시 정책 덕분에 찬사를 받고 있다. 류블랴나는 1996년부터 2006년까지 도심에서 자동차를 완전히 통제하는 10년 계획에 착수했다. 자동차를 통제하는 대신 대중교통과 보행자 도로, 자전거 도로망을 강화하는 데 집중했다

도심에 자동차 대신 사람들이 유입되도록 하는 한편, 나무 2,000그루를 새로 심고 공원 5개를 새로 조성하고, 사바강둑을 야생 동물이 살 수 있는 환경으로 꾸민 결과 도시의 자연환경도 활기를 되찾았다. 관광객들은 전기 버기카인 카발리Kavalir('젠틀 헬퍼'라고도 함)를 타고 도시 곳곳을 누비거나 가로수 7,000그루가 심어진 동지애와 추모의 길Path of Memories and Comradeship을 따라 걸으며 도시를 온전히 즐기고 있다.

이런 변화는 현지인과 관광객 모두에게 영향을 미친다. 자동차가 다니지 않는 덕분에 도시의 색깔이 분명하게 드러나게 되었다. 또, 걸어 다니기 쉽고 공기도 깨끗해졌다. 지속가능성을 추구하는 류블랴나의 도시 정책은 현지인과 관광객이 가까워지는 데도 한몫했다. 자동차 경적 소리가 끊이지 않는 유럽의 다른 도시와는 비교할 수 없는 류블랴나의 풍경이 앞으로도 계속 유지되길 바라보자.

이동 수단

친환경 도시로 잘 알려진 도시로는 코펜하겐, 오슬로, 예테보리, 암스

테르담이 있다. 코펜하겐은 각 지역이 얼마나 자전거 친화적인지를 보여주는 사이클 스코어Cycle Score를 활용하고 있다. 오슬로는 야생 동물 서식지를 복구하고 동물들이 쉽게 드나들 수 있도록 하천을 복개했다. 오슬로에서 판매되는 차량의 약 3분의 1이 전기차이며 예테보리에서는 전기 여객선을 운행할 예정이라고 한다. 미국 포틀랜드는 약 300km의 자전거 도로와 버스 노선 8개, 100개에 가까운 기차역을 갖추고 환경친화적인 사고방식을 가진 관광객들을 맞이하고 있다. 미국 서해안의 다른 도시들과는 달리 자동차가 꼭 필요하지 않은 도시다.

성공적인 친환경 프로젝트는 세계 각지로 뻗어나가기도 한다. 세계 최초 자전거 공유 서비스인 파리의 벨리브Velib는 매년 2,000만 명이 사용하고 있다. 처음에는 도시 중심에서 배출하는 탄소를 줄이기 위해 만들어진 제도지만, 곧 관광객들에게도 도시를 구경할 수 있는 새로운 방법으로 알려지기 시작했다. 이 제도는 인기에 힘입어 상해와 마드리드에도 소개되었다. 너무 넓어서 걸어 다니기 힘든 베를린에서도 교통 체증을 가중시키는 택시나 다른 교통수단 대신 자전거를 타고 주말을 보낼 수 있게 되었다.

변화를 위한 캠페인 펼치기

도시는 사회적, 환경적인 혁신을 이루기에 좋다. 인류애를 가진 이들과 해결해야 할 문제가 만나면 더 공정하고 지속가능한 미래를 위한 캠페인이 시작된다. 우리는 여행을 통해 이런 변화를 지지할 수 있다. 우선 사회적인 문제를 세심하게 배려하는 관광 상품들을 이용해보자. 이런 상품들은 관광 수익의 도움이 절실하면서 여행객의 편견을 깨는 데 도움을 줄 수 있는 소수 민족 또는 환경 및 사회 문제에 목소리를 내고자 하는 환경운동가에 의해 운영되기도 한다. 컨셔스 시티 가이드Conscious City Guides 같은 친환경 여행 가이드를 참고해 친환경 패션이나 음식을 체험하는 상품을 찾아보자. 어반 어드벤처Urban Adventure에서는 지역 비영리 기구와 함께 개발한 여행 상품인 '인 포커스 프로그램In Focus Program'을 운영하고 있다. 그중에서도, 소셜 엔터프라이스 UKSocial Enterprise UK와 같은 지역 정보 사이트는 영국 전역의 도시에서 눈앞의 이익을 좇기보다 친환경을 추구하기 위해 노력하는 사업체를 찾는 데 도움이 된다.

인도, 하라 하우스

가장 획기적이면서 젊음이 느껴지는 사례는 인도의 하라 월드Hara World다. 라자스탄 지역 시골 마을의 비영리 기구에서 함께 일하던 마노즈Manoj와 재즈민Jazzmine은 어떻게 하면 청소년의 역량을 강화하면서 환경을 보전할 수 있을지에 대한 이야기를 나누었다. 그리고 3년 뒤, 두 친구는 비카네르에서 인도 최초 제로웨이스트 숙소인 하라 하우스Hara House를 열었다. 그 후 여행의 힘을 활용해 '청소년의 역량을 강화하고 살기 좋은 세상을 위한 지도자로 교육하는' 단체인 하라 월드에서 하라 혁명Hara Revolution이 꽃피기 시작했다.

하라 하우스가 특별한 이유는 관광객과 현지인 모두를 대상으로 활동하기 때문이다. 프로그램들을 잘 살펴보면 뭄바이 당일치기 여행부터 여성 역량 강화 교육, 친환경 패션 협업, 수리 공방, 리더십 수련회까지 '우리'와 '그들', 지역 주민과 여행자를 구분하지 않고 모든 사람을 아우른다.

마노즈와 재즈민은 청년 인구가 살고 싶어 하는, 환경과 사회에 책임을 다하는 도시를 만드는 데 관광 산업보다 지역 주민들의 집단 행동이 더 중요한 역할을 한다고 이야기한다.

유럽과 미국, 도시 농장과 플라스틱 청소

도시 농장도 점점 친환경으로 변해가고 있다. 2020년 파리의 한 전시회장 옥상에 세계에서 가장 큰 도시 농장이 만들어졌다. 1만

4,000㎡ 규모인 이 농장에서는 수확 시기면 과일과 채소를 1,000㎏ 씩 생산한다. 뉴욕의 브루클린 그레인지 루프탑 농장Brooklyn Grange Rooftop Farms에서는 친환경 음식을 맛보고 지속가능한 생활과 생태계에 관해 배울 수 있는 워크숍을 경험하며 자연을 느낄 수 있다. 네덜란드 로테르담의 세계 최초 수상 목장에서는 호텔과 레스토랑에서 나온 잔반을 소에게 먹여 우유를 생산하고 있다.

여행자는 도시를 깨끗하게 만드는 데에도 보탬이 될 수 있다. 환경 정화 활동은 힘들고 귀찮은 작업이지만, 새로운 관점을 제공하는 기회가 되기도 한다. 런던, 코펜하겐, 암스테르담에서는 다양한 플라스틱 쓰레기 청소 프로젝트를 통해 카약이나 패들보드, 보트를 타는 사람들이 운하와 강에서 쓰레기를 치우도록 하고 있다. 코펜하겐의 그린카약Green Kayak은 카약을 빌려주면서 항구나 운하의 쓰레기를 수거해오는 조건으로 돈을 지급하기도 한다. 2017년에 설립된 이 비영리기구를 통해 지금까지 플라스틱 쓰레기 총 24,319㎏이 수거되었다.

유럽, 마이그랜투어

마이그랜투어Migrantour는 유럽에서 가장 인기 있는 도시들이 지금의 모습을 갖추기까지 이민자들이 어떤 보탬이 되었는지 재조명하는 프로그램을 운영한다. 이 단체는 스스로를 '다른 배경을 가진 도시의 주인공으로서 새로운 관점을 제시하는 책임 관광 단체'라고 설명한다. 이탈리아 토리노를 관광하는 한 시간 동안 가이드는 여행객들에게 동유럽, 동남아시아, 중동을 아우르는 설명을 제공한다. 다양한 문화와 언어, 전통과 음식이 한데 모여 있는 도시들을 동경하는 여행

자는 많지만 이런 다양성을 깊이 파고들 기회는 많지 않았다. 마이그 랜투어는 이런 갈증을 느끼는 여행자들에게 도시가 지닌 다양성을 깊이 있게 이해할 수 있는 기회를 제공하고 있다.

캐나다, 탈라사이 투어스

난민, 소수 민족 또는 이민자가 이끄는 관광 상품도 마음의 벽을 허무는 데 도움이 된다. 캐나다의 원주민인 퍼스트 네이션First Nation은 탈라사이 투어스Talaysay Tours를 운영하고 있다. 이들은 밴쿠버, 살리시해, 스탠리 파크 주변을 시쉘(세첼트)족과 스쿼미시Squamish(캐나다 브리티시 컬럼비아 원주민)의 관점에서 소개하는 한편, 도시가 자연과 원주민 문화와 어떻게 연관되어 있는지 조화로운 면과 파괴적인 면을 모두 돌아볼 기회를 제공한다.

영국, 언씬 투어스

관광 산업을 통해 편견에 도전하거나 소외된 사람들의 삶을 개선할 수도 있다. 런던의 언씬 투어스Unseen Tours는 노숙자의 관점에서 바라본 런던을 현지인과 관광객에게 소개한다. 한때 노숙 생활을 했던 관광 가이드 20명이 자신이 거주했던 지역을 소개한다. 가이드 중 한 사람인 피트는 브릭 레인의 컬러풀한 뒷골목을(241쪽 사진 참조), 비브는 사람들에게 잘 알려진 코벤트 가든에 관한 새로운 관점을 제시한다. 이 기획은 노숙자에 대한 마음의 벽을 허물고 편견을 없애는 데 도움을 주며 수익금의 60%는 노숙자들을 위해 쓰인다. 부가 수익이 생기면 모두 사업에 다시 투자된다.

잠시 멈춰 생각하기: 빈민가 관광

도시에 사는 사람 8명 중 1명은 소외된 지역에 살고 있고 빈민가는 전 세계 도시가 마주하고 있는 현실이다. 여행자나 관광객이 궁금해하는 것도 어쩌면 당연하다. 빈민가를 여행하는 방법은 많다. 마닐라의 스모키 투어Smokey Tours 는 극도로 빈곤한 지역에 사는 사람들이 자신의 이야기를 들려줄 수 있도록 만들어졌다. 인도의 리얼리티 투어스Reality Tours는 희망적인 소상공인의 모습을 보여주고자 한다. 하지만 어떤 모습으로 포장되더라도 결국 빈민가 관광은 부유한 여행자들이 세상에서 가장 소외된 이들을 훔쳐보는 수단이 아닐까? 그 답은 방문하는 이의 의도에 달려 있기에 빈민가 관광을 옳거나 그르다고 규정하기는 어렵다. '내가 저 상황이라면 어떨까'를 생각하면서 존중을 담아 행동하는 사람이 있는가 하면 동물원을 구경하는 기분으로 빈민가를 방문하는 사람들도 있다. 책임을 느끼고 존중하는 마음으로 빈민가를 여행하기로 했다면 여행 상품을 꼼꼼히 따져보아야 한다. 관광객과 현지인을 '우리와 그들'로 구분하지 않는 여행사를 찾아보자. 예를 들어 남아프리카공화국의 AWOL 투어스AWOL Tours는 미니버스가 아니라 자전거를 타고 빈민 지역을 둘러보는 상품을 판매한다. 아니면 '적극적으로' 관광해보자. 펜다Penda는 남아프리카공화국 흑인 거주 구역에서 활동하는 자선단체와 관광객을 연결하고, 관광객이 촬영한 사진을 자선단체 마케팅에서 사용할 수 있도록 하고 있다. 현지인이 소규모 그룹으로 운영하며 수익금의 80%가 빈민 지역 주민에게 돌아간다. 무엇보다, 우리는 같은 권리를 가진 인간이며 동등하게 존중받아야 마땅하다는 사실을 잊지 말자.

5

대륙별로 찾아보는
'가치 있는 여행'

—

기후와 생물 다양성 위기 속에서 여행을 정당화하려면 충분한 의미가 있어야 한다. 지금까지 공동체를 개발하고, 소외된 계층의 역량을 강화하고, 생태계를 보호하는 데서 여행의 의미를 찾았고, 이제 계획을 세워볼 차례다. 각 대륙과 국가, 여행지마다 필요한 것들이 다르고, 지속가능한 방식으로 여행하고 싶다면 이에 따라 여행 방식도 달라져야 한다. 앞으로 소개할 미니가이드는 세계를 여행하며 무엇을 얻으려 하기보다 보탬이 되는 방법을 소개할 것이다.

이 장을 쓰기 위해 세계를 여행하며 지속가능한 숙소, 활동, 여행 방법을 찾아 발품을 팔았다. 좋은 소식은 선택지가 아주 다양했다는 것이다. 지속가능한 여행을 처음 시작할 때 참고하기에 좋은 정보들을 추려 소개한다.

오세아니아

이름만 들어도 전설적인 원시 부족과 아름다운 대자연이 떠오르는 오세아니아는 태평양 섬에서 호주의 황량한 내륙까지 다양한 경관을 자랑하는 매력적인 여행지다. 남극에 이어 두 번째로 인구 밀도가 적은 오세아니아 대륙에서 할 수 있는 모험은 끝이 없다. 비포장도로를 달리고, 해양 생물을 탐구하고, 자연 그대로의 해변과 아름다운 도시를 동시에 만끽할 수 있다.

약 7만 년 전, 오늘날 어보리진Aborigine이라고 부르는 원시 부족이 처음 오세아니아 땅을 밟았다. 시간이 가면서 태평양 섬인 파푸아뉴기니와 호주, 뉴질랜드는 원시 부족 수백 명의 터전이 되었다. 이들은 1600년대부터 유럽 정착민들이 들어올 때까지 조화롭게 평화를 지키며 이 땅에 터를 잡고 살았다. 그 후 200년 동안 종교, 농업, 산업은 오세아니아의 모습을 완전히 바꾸어 놓았다.

그동안 원시 부족은 설 자리를 잃고 소외되거나 잊혔다. 점점 권리가 보장되고 전통도 존중받게 되었지만, 아직 갈 길이 멀다. 책임을 다하며 여행하면 원시 부족을 지지하고 이들에 대해 배울 기회를 찾을 수 있다. 그래서 사람들의 사고방식을 바꾸고, 원시 부족에게 수입을 제공하고 이들의 자부심을 회복하는 데 관광 산업은 중요한 도구다. 관광이 오세아니아에 미치는 긍정적인 영향은 더 있다. 파괴적인 농업 방식을 멈추고 땅을 보존하는 활동을 뒷받침할 수 있도록 자금을 마련할 때도 관광 산업은 유용하다. 극단적인 날씨로 위기를 겪고 있는 오세아니아 대륙에서는 어느 때보다 시급하게 자연의 균형을 회복해야만 한다.

어디에서 묵을까

호주, 킴벌리 – 쿨자만

호주 킴벌리의 댐피어 반도에 있는 쿨자만Kooljaman 자연 휴양지는 그 이름값을 톡톡히 한다. 거친 길 끝에 숨겨진 숙소는 외부 전력의 공급 없이 태양열로만 에너지를 얻는다. 바르디 자위Bardi Jawi족이 운영하고 있으며 생생히 살아 있는 자연과 원시 부족 문화 덕분에 관광객의 인기를 독차지하고 있다. 숙소에서 지내는 매 순간, 자연과 문화에 대한 존중을 느낄 수 있을 것이다.[1]

좀 더 럭셔리한 곳을 원한다면 살 살리스 닝갈루 리프Sal Salis Ningaloo Reef를 살펴보자. 케이프 레인지 국립공원 해안의 외딴곳에 있는 자급자족형 친환경 캠프다.

호주, 플린더스 산맥 – 아카바

환경 보호를 위해 노력하는 관광기업 와일드 부시 럭셔리Wild Bush Luxury에서 운영하는 아카바Arkaba는 플린더스 산맥의 735만 평 규모의 보호 구역 안에 있던 농가를 세심하게 개조해 꾸민 숙소다. 사파리 여행을 하거나 별들을 벗 삼아 밤을 지낼 수 있는 캠핑장 및 숙소가 마련된 하이킹로를 따라 걸어보자. 병해충 박멸 작업을 제대로 마친 덕분에 바위왈라비나 서부쿠올 같은 야생 동물을 발견할 수도 있다.[2]

같은 지역에 있는 윌페나 파운드 리조트Wilpena Pound Resort는 아카바보다 저렴한 가격으로 묵을 수 있는 숙소로, 아드냐마타나Adnyamathanha족이 소유 및 운영하고 있다.

호주, 타즈매니아 – 후옹 부시 리트리트

삼림 보존을 위해 대지 소유주 여럿이 모여 조성한 미저리산 서식지 보호구역Mount Misery Habitat Reserve의 깊은 곳에는 태양광으로 에너지를 생산하며 친환경 객실과 캠프장을 갖춘 후옹 부시 리트리트Huon Bush Retreat's가 있다. 타즈매니아의 주도인 호바트에서 45분밖에 떨어져 있지 않지만, 숲으로 이어지는 4km의 자갈길 덕분에 오지를 여행하는 것 같은 기분을 낼 수 있다.[3]

더 호화로운 여행을 원한다면 친환경 수상 경력이 있는 사파이어 프라이시넷Saffire-Freycinet을 알아보자. 프라이시넷 국립공원 끝자락에 있는 이 숙소는 친환경 초호화 숙소의 모든 조건을 갖췄다.

타히티, 테티아로아 프라이빗 아일랜드 – 더 브란도

영화배우인 말론 브란도Marlon Brando가 〈바운티호의 반란Mutiny on the Bounty〉을 촬영하면서 구상했다는 럭셔리 리조트 '더 브란도The Brando'는 세계에서 가장 지속가능한 방식으로 운영된다. 섬 전체가 LEED 플래티넘 인증(친환경 건축물 인증-옮긴이)을 받았으며 태양광을 통해 리조트에 필요한 전력의 70%를 생산하고 있고 세계 최초 해수 냉난방 객실을 갖췄다. 또, 테티아로아 소사이어티Tetiaroa

Society를 통해 야생 동물과 문화유산을 지키기 위해 노력 중이다.[4]

그 밖에, 탄성이 절로 나는 깨끗한 해변에 둘러싸인 피지의 장미 셸 쿠스토 리조트Jean-Michel Cousteau Resort 역시 세계 최초 친환경 호화 숙소다.

뉴질랜드, 크라이스트처치 – 에코 빌라

고대부터 대지와 끈끈한 유대를 맺고 살던 크라이스트처치 사람들의 정취를 물씬 느낄 수 있는 에코 빌라Eco Villa는 도심에 있는 여느 숙소와는 달리 고즈넉한 시골 같은 분위기가 느껴진다(마오리 이름으로는 오타우타히Ōtautahi로, '풍족한 첫 장소'란 뜻이다). 지속가능한 방식으로 운영되며 식용 식물을 키우는 정원, 야외 욕조, 업사이클한 가구들로 꾸며져 있다. 건물은 2014년 지진 이후 조심스레 복구되었다.

그 밖에, 멜버른의 해비타트Habitat HQ 역시 전체 전력의 40%를 재생 에너지를 통해 얻고, 투숙객이 지역 보존 프로그램에 참여하도록 장려하는 친환경 호스텔이다.

무엇을 할까

호주, 퀸즐랜드 – 데인트리 열대우림

세계문화유산으로 지정된 데인트리Daintree 열대우림은 세계에서 가장 오래된 열대우림으로 케이프 트리뷸레이션Cape Tribulation이 시작되는 곳이자 열대우림과 산호초 그레이트배리어리프가 만나는 곳이기도 하다. 책임감 있는 운영 방식을 통해 진행 중인 환경 보호 활동을 재정적으로 뒷받침한다. 전기 여객선이나 친환경 관련 상을 받은 드림타임 워크Dream Time(원주민 체험 프로그램–옮긴이)처럼 환경에 해로운 영향을 미치지 않으면서 문화유산을 존중하는 체험 상품들을 제공하고 있다.[5]

호주, 마가렛 리버 – 보이저 에스테이트

가족 경영으로 40년간 운영된 보이저 에스테이트Voyager Estate는 호주에서 가장 인정받는 와이너리다. 2023년까지 100% 유기농 인증을 받기 위해 2018년부터 팔을 걷어붙였다. 관광객에게 제공되는 체험 곳곳에서 와인 제조와 유기농 원칙에 대한 와이너리의 책임감 있는 접근 방식이 눈에 띈다. 환경 보존 활동의 한 부분으로 자생수종 7만 그루를 새로 심기도 했다.

호주, 태즈메이니아 – 우칼리나 워크

오스트랄라시아Australasia(호주·뉴질랜드·서남 태평양 제도를 포함하는 지역–옮긴이)에는 어보리진 족이 운영하는 트레킹 및 체험 프로그램이 많다. 태즈메이니아에서 가장 잘 알려진 프로그램은 가이드와 함께 며칠 동안 파이어스만을 걷는 우칼리나 워크Wukalina Walk 하이킹이다. 프로그램은 1만 년 동안 고립된 상태로 진화한 팔라와족의 노인들을 만날 기회를 제공한다.

뉴질랜드 – 카이코우라 고래 관람

자연 그대로 보존된 해안을 따라 3km 깊이로 패인 해저협곡 덕분에 카이코우라KAIKŌURA는 1년 내내 향유고래가 모여드는 세계에서 몇 되지 않는 장소가 되었다. 이곳에서 가장 지속가능한 방법으로 여행을 하려면 카이코우라 고래 관광 상품을 이용하길 권한다. 마오리족이 소유한 이 회사는 응가티 쿠리Ngati Kuri(뉴질랜드 북쪽 섬의 토착 원주민–옮긴이 주) 공동체에 일자리를 제공하고 마오리족의 카이코우라 반도 소유권을 지키기 위해 노력해왔다.6

솔로몬 제도 – 콜롬방가라

해수면 위에 완벽한 고깔 모양으로 솟아 있는 콜롬방가라 Kolombangara의 화산과 풍부한 생물다양성을 자랑하는 숲은 전형적인 남태평양 섬의 모습이다. 원시 부족인 뒤고르Dughore족이 결사적으로 지켜온 숲은 현재 벌목이 한창이다. 숲을 온전히 보존하는 데 도움이 되고 싶다면 오세아니아 익스페디션Oceania Expedition에서 조직한 지역 보호 협회와 함께 하이킹을 나서보자.

어떻게 이동할까

뉴질랜드 – 브리츠 일렉트릭 캠퍼스

뉴질랜드 회사인 브리츠Britz가 뉴질랜드 최초로 전기 캠핑카를 대여하기 시작하면서 지속가능한 방식으로 세계에서 가장 멋진 로드 트립을 할 수 있게 되었다. 전기 캠핑카는 오클랜드와 퀸즈타운에서 빌릴 수 있으며 e볼브eVolve 모델은 120km까지 주행할 수 있다. 전국 각지의 지정된 충전소에서 충전하는 경우 브리츠에서 충전 비용을 부담한다.

호주 – 저니스 비욘드 레일

저니스 비욘드 레일Journeys Beyond Rail은 호주를 가로지르며 특별한 여행을 할 수 있도록 서비스하는 열차 운영 업체다. 그중 인디안 퍼시픽Indian Pacific 열차는 시드니와 퍼스를 3일 만에 잇는 노선으로, 예술의 도시 애들레이드Adelaide와 환상적인 풍경을 자랑하는 널러버 평원Nullarbor Plain을 지난다. 열차 노선이 생기기 전 앨리스 스프링스Alice Springs까지 물품을 공급하던 아프간 낙타에서 이름을 딴 '간Ghan' 열차에서도 비슷한 낭만을 즐길 수 있다. 애들레이드부터 앨리스 스프링스까지는 48시간이 걸리며 다윈까지는 24시간이 더 걸린다.[7]

호주 – 캐서린 강 카누 체험

호주 북부 지역에 있는 닛밀룩Nitmiluk 협곡의 깎아지른 듯한 절벽

사이로 캐서린Katherine 강이 흐른다. 이곳에서는 유유히 하늘을 나는 독수리와 둑을 어슬렁거리는 민물 악어, 호기심 많은 눈으로 두리번거리는 검은 앵무새를 볼 수 있다. 판다누스 나무와 페이퍼바크 나무가 울창하게 자라는 숲의 풍경을 온전히 만끽하고 싶다면 카누를 타고 장박 여행을 해보자. 게코 카누잉Gecko Canoeing의 상품을 이용하면 친환경적으로 여행할 수 있다.[8]

오세아니아 – 코럴 익스페디션 크루즈선

코럴 익스페디션Coral Expeditioins은 친환경 인증을 받은 호주의 소규모(최대 승객 120명) 탐험선으로 크루즈선으로서는 가장 지속가능한 형태라고 할 수 있다. 지역에서 나는 계절 식자재를 사용하며 공동체에 혜택이 돌아가도록 계획되었다. 호화스러움보다는 특별한 경험을 하는 데 초점을 맞추고, 승객들에게 환경 및 문화유산 보호 문제에 관해 교육하고 있다.

남태평양 제도 – 전통 배 체험

오케아노스 재단Okeanos Foundation은 관광객을 위해 설립된 재단이 아니지만, 아이러니하게도 그 이유로 관광객에게 인기를 얻었다. 이 단체는 전통적이고 지속가능한 해상 운송수단을 통해 태평양 섬의 현지인들이 역량을 키울 수 있도록 돕고 있다. 돛이 달린 카누는 친환경 에너지인 바람, 태양열, 코코넛을 활용한 바이오 연료를 사용한다. 여행업체 '오세아니아 익스페디션'에서 1~3일 여정의 관광 상품을 판매하고 있으니 재단을 지지하고 싶다면 참고하자(www.oceaniaexpeditions.com).

북아메리카 및 카리브해

수십 년 동안 영화 속에서 이상화되고 풍자되고 숭배되어온 북미는 사람들에게 잘 알려진 대륙이다. 하지만 처음 방문하면 그 거대함에 깜짝 놀라는 경우가 많다. 뉴욕의 고층빌딩과 북극의 재치 있는 누나부트Nunavut 공동체 사이에 펼쳐진 산과 사막, 도시와 문화 덕분에 북미에서는 어떤 모험도 할 수 있다.

북미는 국제 사회에서 강력한 목소리를 내는 존재로 각인되어 있어, 이곳에도 인간의 손이 닿지 않은 야생이 있다는 사실을 잊어버리곤 한다. 고대 애팔래치아 산맥과 그보다 훨씬 높은 코르딜레라스 산맥 사이로 날씨가 궂기로 유명한 그레이트플레인스가 펼쳐져 있고, 광활한 평원은 비옥한 삼각지와 해발 고도가 낮은 반도로 이어진다. 모든 기후대가 존재하는 유일한 대륙으로, 극과 극의 환경을 경험할 수 있다. 유럽인들이 이 대륙에 처음 정착한 이후 끊임없이

개발을 거듭한 결과, 현재 세계에서 가장 발전한 지역이 되었다. 북미는 평균임금과 음식 소비량이 세계에서 가장 높고 세계 평균보다 4배 이상 에너지를 더 사용한다.

관광을 통해 북미의 시간을 되돌릴 수 있다. 올바른 방식으로 여행하면서 소수 민족의 권리를 옹호하고, 대규모 집약적 농업을 다시 생각해볼 여지를 남길 수 있을 것이다. 또 친환경 기술과 지속가능한 해결책을 지지하는 여행자는 개발에 목마른 북미 대륙이 선한 영향력을 미치는 혁신을 이루며 그 갈증을 해소하도록 만들 수 있다.

책임 관광은 따뜻한 태양이 내리쬐는 카리브해의 섬 7,000개에서도 리조트나 크루즈를 통해 지역 자영업자를 지원하고, 연약한 생태계를 보호하며, 관심 받지 못했던 유산을 연구할 수 있는 여유를 만든다. 지속가능성을 위한 단체 '씨 더 캐리비안See the Caribbean' 같은 여러 캠페인과 프로그램에서는 해변에 누워 쉬는 것 외에 섬에서 할 수 있는 일들이 많다는 사실을 일깨워준다.

어디에서 묵을까

미국, 와이오밍 – 플랫 크릭 랜치

와이오밍주는 대지의 98%가 보호 구역으로 지정된 미국에서 가장 지속가능한 여행지이다. 방문객들이 즐길 수 있는 관광용 목장이나 숙소는 수도 없이 많지만 가장 지속가능한 숙소는 플랫 크릭 랜치Flat Creek Ranch다. 재활용부터 에너지 사용까지 세심하게 신경 쓰는 이곳의 운영정책은 검토를 거듭하며 끊임없이 개선되었다.

환경 보호에 앞장서는 농장은 뉴멕시코에서도 찾을 수 있다. 테드 터너Ted Turner(CNN 창립자이자 자선사업가-옮긴이)가 운영하는 입이 딱 벌어질 정도로 아름다운 리조트 체인 중 하나를 방문해보자.

미국 전 지역 – 1 호텔

뉴욕, 헐리우드, 마이애미에서 친환경 부티끄 스타일 호텔을 찾는 다면 W 호텔의 창립자인 배리 스턴릭트Barry Sternlicht의 친환경 고급 호텔 체인인 1 호텔1 Hotels을 방문해보자. 각 호텔은 US 친환경 건축 위원회에서 LEED 인증을 받았으며 재생 자재를 사용하고 친환경 디자인을 추구한다. 모든 체인 호텔이 플라스틱 제품을 사용하지 않는다.

그 밖에, '이튼 DCEaton DC' 역시 잘 가꿔진 도심 호텔이다. 소외계층 역량 강화나 친환경 교육을 통해 선한 영향을 미치며 숙박 시설 이상의 역할을 해내고 있다.

캐나다, 토론토 – 글래드스톤 호텔

글래드스톤 호텔The Gladstone Hotel은 캐나다에서 B코퍼레이션 인증(산업 지속가능성 인증)을 받은 유일한 호텔로 토론토에서 가장 역사가 깊은 호텔이기도 하다. 1889년부터 운영되었으며 최근에는 지속가능한 운영 방식을 도입했다. 대표적인 노력 몇 가지를 살펴보자면 건물 옥상을 친환경으로 가꾸고 무독성 청소 제품을 사용하며, 엄격한 쓰레기 배출 정책을 시행하고 지역 사회의 정의를 위해 싸우는 단체들을 지지한다. [9]

캐나다의 반대쪽 끝에 있는 밴쿠버에는 스콰야이스 로지_{Skwachays} Lodge가 있다. 친환경 수상 경력을 보유한 사회적 기업으로서 소수 민족의 주거 환경과 예술을 보존하기 위한 자금을 지원하고 있다.

캐나다, 뉴펀들랜드 – 포고 아일랜드 인

변화무쌍한 뉴펀들랜드의 하늘을 바라보며 황량한 화강암 바위 위에 우뚝 서 있는 호텔 '포고 아일랜드 인Fogo Island Inn'의 현대적인 디자인은 지속가능성을 상징적으로 보여준다. 소유주인 지타 콥Zita Cobb은 투숙객이 소비하는 돈이 정확히 어디에 쓰이는지 안내하는 이코노믹 뉴트리션Economic Nutrition^CM 마크를 도입했다. 포고 아일랜드 인의 경우 수익의 12%가 지역 공동체를 위한 프로젝트에 쓰인다.

가격 걱정 없이 탁 트인 오션뷰를 즐길 수 있는 장소를 찾는다면, 서부 해안으로 날아가보자. 샌프란시스코에서 남쪽으로 1시간 거리에 35m 높이의 피죤 포인트 라이트하우스Pigeon Point Lighthouse 호스텔이 여러분을 기다린다.

트리니다드 토바고 공화국, 토바고 섬 – 카스타라 리트리트

다른 카리브해 리조트에서 볼 수 있는 과하리만치 호화스러운 장식은 잊어버리자. 토바고에서 가장 예쁜 만을 볼 수 있는 위치에 자리 잡은 카스타라 리트리트Castara Retreat에서는 훌륭한 위치보다도 이곳 사람들의 넘쳐나는 정과 따뜻한 마음에 훨씬 감동하게 된다. 리조트의 직원들은 리조트에 투자할 수 있는 권한이 있으며, 주변 마을과 조화롭게 어울리도록 설계된 리조트는 100% 현지인에 의해 운영된다.[10]

조금 더 북쪽에 있는 도미니카의 6만 7,000평 규모의 열대우림 속에는 필요한 에너지 대부분을 태양열을 통해 얻는 정글 베이Jungle Bay 리조트가 있다.

멕시코, 멕시코 시티 – 엘 파티오 77

19세기식 타운하우스를 개조해 만든 엘 파티오 77El Patio 77은 역사, 예술, 지속가능성이 잘 녹아들어 있는 호텔이다. 이곳은 '멕시코 시티의 관광 산업을 위한 새로운 미래'를 제시하기 위해 노력하고 있다. 분위기는 고풍스럽지만, 태양열 온수 히터나 빗물 저장 및 정수 장치 등 최신식 친환경 기술을 활용하고 있다. 호텔 곳곳에서 볼 수 있는 공예품과 예술품은 모두 예술가에게서 직접 구매한 것들이다.

도심 속에서 따뜻한 정을 느낄 수 있는 도피처를 찾는다면, 홈인 부에노스 아이레스Home in Buenos Aires를 찾아보자. 지역에서 나는 자원을 활용하고 쓰레기를 분리 배출하는 엄격한 정책을 시행하고 있다.

무엇을 할까

미국, 샌프란시스코 – 알카트라즈 크루즈

알카트라즈 크루즈Alcatraz Cruises 페리는 미국에서 가장 친환경적인 모델을 사용한다. 전기 모터와 풍력 발전용 터빈, 태양열 전지판을 사용하는 덕분에 캘리포니아주의 엄격한 대기질 규제 정책의 2단계 기준보다도 독성 물질을 80%나 덜 배출한다. 승무원들은 쓰레기를 분리 배출해 재활용할 수 있도록 철저하게 훈련받는다.[11]

미국, 몬태나 – 아메리칸 프레리 리저브

아메리칸 프레리 리저브American Prairie Reserve는 세계에서 가장 중

요한 초원 보존 프로젝트로, 중요한 자연 서식지 약 142만 헥타르를 연결해 미국에서 가장 큰 자연 보호 구역을 만들기 위해 노력 중이다. 끝도 없이 펼쳐진 몬태나주의 평야에서 여행객은 별을 바라보며 야영 또는 하이킹을 하거나 야생 동물 보존 프로젝트에 참여할 수 있다.⑫

미국, 뉴욕 – 브룩클린 그레인지 팜 체험

환경친화적 옥상과 옥상 텃밭 전문가인 브룩클린 그레인지Brooklyn Grange는 노던 대로Northern Boulevard에 자리 잡은 건물의 꼭대기 층에서 맨해튼의 스카이라인을 바라보며 농촌의 삶을 맛볼 기회를 제공한다. 작물을 키우는 것 외에(뉴욕시에 있는 3개 농장에서 매년 유기농 상품 약 36톤을 생산한다) 각종 행사나 시식 체험, 워크숍 등을 통해 친환경 도시 공간이 원-원 전략인 이유를 알리기 위해 노력하고 있다.

미국, 하와이, 카네오헤 – 쿠알로아 랜치

오아후섬의 동쪽 해안에 있는 쿠알로아 랜치Kualoa Ranch는 영화

〈쥬라기 공원〉촬영 장소로 유명하다. 쿠알로아 랜치는 땅과 문화 유산을 보존해 사람들의 삶을 풍족하게 만들기 위해 노력해왔다. 당일치기 관광이나 문화 체험 프로그램들은 자연 속에서 하와이의 고대 문화를 배울 수 있도록 기획되었다.

캐나다, 오카나간 – 전통 장인의 트레일러

관광 분야에서 여러 상을 수상한 톰슨 오카나간Thomson Okanagan 관광 협회에서는 곧 전통 장인의 트레일러를 개시할 예정이다. 트레일러는 슈웹펨Secwépemc, 잉클러카퍼머Nlaka'pamux, 세억스Syilx족 등 내륙 살리쉬Salish 부족의 공예품을 싣고 근방을 다니게 된다. 소수 민족에게 수입원을 제공하고 관광객과 소수 민족을 잇는 다리 역할을 하도록 계획되었다.

어떻게 이동할까

미국 – '이스트 코스트 그린웨이' 자전거 도로

미국에는 유명한 장거리 사이클링 루트가 많지만 가장 매력적인 루트는 새롭게 진행 중인 이스트 코스트 그린웨이East Coast Greenway 다. 지금까지 23%만 완성되었지만(2020년 기준 35%-옮긴이) 메인 주인 칼레와 플로리다의 키웨스트 사이 4,800km를 잇는 자동차가 다니지 않는 사이클링 전용 도로가 될 예정이다. 현재 완공되지 않은 77%는 교통량이 적은 길로 이어져 있으니 기다리기 지친다면 당장 길을 나서 볼 수도 있다.[13]

캐나다 - 파크 버스

북미의 국립공원에서는 과잉관광 문제가 발생하기 쉬워서 언제 어떻게 여행할지 고민해야 한다. 이런 문제를 해소하기 위해 새롭게 도입된 서비스인 파크 버스Park Bus는 관광객을 싣고 캐나다 전역의 도시와 자연을 오간다. 요세미티 국립공원에서도 도시와 국립공원을 오가는 전기 버스 서비스를 도입해 관광객이 몰리지 않도록 하고 있다.

캐나다와 미국 - '록키 마운티니어/코스트 스타라이트' 열차 여행

북미 대륙이 기차 여행하기 편한 지역은 아니지만 두 가지 옵션을 추천할만 하다. 밴쿠버와 재스퍼를 잇는 캐나다의 '록키 마운티니어Rocky Mountaineer'의 열차 여행과 편안한 좌석에 앉아 미국의 웅장한 서부 해안을 달릴 수 있는 암트랙Amtrak의 코스트 스타라이트Coast Starlight 열차 여행은 경험해볼 만하다.[14]

카리브해, 세인트 루시아 - '저스 세일' 요트 체험

문화유산을 보호하고 탄소 배출을 최소화하면서 공동체를 개발하는 역할을 모두 소화하는 혁신적인 요트 대여 회사가 있다. 저스 세일Jus' Sail은 잘 복원된 전통 범선인 굿 익트펙테이션호를 타고 바람의 힘을 빌려 세인트루시아 섬을 둘러볼 기회를 제공한다. 또한 열정적인 현지인 선원들이 새로운 기술을 배울 수 있도록 재정적으로 지원하고 있다.

멕시코 - '코퍼 캐니언' 기차 관광

남미와 중미에는 열차 노선이 잘 닦여 있지는 않지만 경치 좋은 구간이 꽤 있다. 그중 하나는 해안에서 출발해 구불구불한 길을 따라 그랜드 캐니언의 4배 크기인 코퍼 캐니언Copper Canyon까지 가는 노선이다. 4시간에 걸쳐 시에라 마드레Sierra Madre 산맥까지 600km를 달리는 고속 열차를 타고 멕시코 내륙지방의 험준한 풍경을 감상해보자.

남아메리카 및 중앙아메리카

/

남미를 설명할 때는 최상급 표현을 자주 사용하게 된다. 세계에서 가장 건조한 사막과 가장 큰 열대우림, 가장 긴 강과 가장 높은 폭포가 존재하는 이 대륙에는 보석 같은 장소들이 셀 수 없이 숨겨져 있다. 사람들은 입을 모아 꽁꽁 숨어 있는 남미의 경치가 중독적이라고 이야기하며, 평생 남미를 딱 한 번만 방문하는 사람은 거의 없을 정도다. 브라질 판타나우의 마코앵무새로 가득한 잡목 숲부터 민첩한 퓨마의 터전인 파타고니아 오지까지, 이 대륙에서는 특히 서두르지 않으면서 여행을 즐길 수 있다.

남미는 지리와 생태계만큼이나 문화도 복잡하다. 페루의 노르테치코Norte Chico에서 세계 최초의 문명이 탄생했고, 15세기 포르투갈과 스페인의 식민지가 되기 전까지 이들은 거의 고립된 채 자기들만의 삶을 유지했다. 근대사가 쓰이는 동안 두 개의 따뜻한 대양 사이

에 낀 이 대륙에서는 이주와 정복이 반복되며 무역이 발달했고, 만화경 속 무늬만큼이나 매력적인 문화유산들이 탄생했다. 몇몇 나라에서 일어난 반란과 부패 사건들로 성장은 더디지만, 원시 부족 문화만큼은 여전히 세계에서 가장 견고하게 남아 있다.

독특한 인류사를 간직한 남미는 지구의 허파이기도 하다. 탄소 2,000억 톤을 흡수할 수 있는 아마존 열대우림의 35%가 원시 부족에 의해 보존되고 있다. 정치적인 혼란 속에서 기후 위기를 부인하는 지도자들 때문에 환경 보존은 어느 때보다 시급한 문제가 되었다. 관광 산업은 다양한 방법으로 문제에 맞서고 있다. 재규어 서식지 프로그램이나 세계 최대 규모 리와일딩 프로젝트 등 여러 보존 활동이 이어지는 덕분에 아직 희망은 남아 있다. 여행객은 도시와 농촌 주민들이 주도하는 지속가능성을 위한 활동들을 지지해 이들의 노력이 한 걸음 앞으로 나아가도록 힘을 실어줄 수 있다.

어디에 묵을까

브라질, 세라도 - 포사다 트리중싸오

아마존의 명성에 가려 상대적으로 덜 알려져 있지만 세라도 Cerrado의 열대 사바나 생태 지역은 브라질 국토의 20%를 차지하며 국제보호협회Conservation International에서 생물학적 중요지점biological hotspots으로 지정한 장소 25개 중 하나다. 이 지역이 없다면 남미의 여러 생태계가 무너지게 된다. 저층 건물로 이루어진 포사다(포르투갈어로 '호텔'이라는 뜻) 트리중사오Pousada Trijunção는 갈기늑대를 관찰

하거나 지역 주민들을 위해 야생 동물 친화적인 농업을 지원하는 등 보존 활동에 자금을 지원한다.[15]

그 밖에, 친환경 관광 분야에서 전설적인 존재인 로베르토 클라빈Roberto Klabin이 운영하는 브라질 판타나우의 카이만 에콜로지컬 레퓨지Caiman Ecological Refuge에서도 중요한 보존 프로젝트를 진행하고 있다.

페루, 이키토스 – 타후아요 로지

아마존 열대우림 속 물가에 있는 쾌적한 숙소 타후아요 로지 Tahuayo Lodge는 현지인들에게 관광 가이드 훈련을 제공한 노력을 인정받아 최근 페루 환경 대상을 수상했다. 방문객 역시 최대한 해로운 영향을 끼치지 않고 연약한 생태계를 탐험하는 방법을 배울 수 있다. 또한 이곳은 현지인에게 일자리 기회와 장학금을 제공하고 연구 프로젝트를 지원한다.[16]

그 밖에, 마미라우아 보호구역Mamirauá Sustainable Development Reserve 과 맞닿은 곳에 있는 브라질의 우아카리 수상 로지Uakari Lodge는 지역 공동체가 지속가능성과 보존을 우선으로 두고 직접 운영하고 있다.

칠레, 토레스 델 파이네 – 에코 캠프 파타고니아

칠레에서 가장 매력적인 산, 강, 숲으로 둘러싸여 자연스러운 매력이 느껴지는 캠핑장인 '에코 캠프 파타고니아Eco Camp Patagonia'는 세계 최초로 관광객을 위해 지오데식(삼각형 모서리와 면으로 응력을 분

산시켜 하중을 지탱할 수 있도록 만든 반구형 건축물—옮긴이) 돔을 활용하여 친환경 관광 관련 상을 휩쓸었다. 환경경영 시스템 ISO14001 표준을 준수하는 숙소인 만큼 친환경적으로 운영하는 카약, 하이킹 등 다양한 체험을 할 수 있다.[17]

볼리비아 우유니 소금 사막Uyuni Salt Flat에 위치한 호텔인 '카치 로지Kachi Lodge'도 지오데식 돔을 활용해 환경에 미치는 영향은 최소로 유지하면서, 아름다운 전망은 최대로 누릴 수 있도록 하고 있다.

5 대륙별로 찾아보는 '가치 있는 여행'

273

니카라과, 그라나다 이슬레타스 – 지카로 로지

지카로 로지Jicaro Lodge는 니카라과의 고요한 호수 위, 따사로운 햇볕을 가득 머금은 정글 섬 안에 있어 방해받지 않고 휴가를 즐기고 싶을 때 완벽한 숙소다. 단순한 듯하지만 우아함을 잃지 않는 카시타casita(멕시코인이 사는 오두막집–옮긴이) 9개는 모두 허리케인 펠릭스로 파손된 나무로 만든 재생 목재로 지어졌다. 지속가능한 호텔 기업인 카유가 컬렉션Cayuga Collection이 숙소를 관리한다.[18]

조금 더 남쪽, 지속가능한 여행의 '모국'이라 할 수 있는 코스타리카의 라파 리오스Lapa Rios와 파쿠아레 로지Pacuare Lodge도 지카로 로지와 비슷한 원칙을 지키며 운영된다.

무엇을 할까

에콰도르 – 파차마마 저니스

파차마마 얼라이언스Pachamama Alliance는 소수 민족에는 땅을 보호할 수 있도록 힘을 길러주고, 관광객에게는 지속가능한 방식으로 살도록 영감을 불어넣는다. 이 단체에서 운영하는 파차마마 저니스Pachamama Journeys는 아마존 열대우림과 에콰도르 안데스산맥의 고지대를 무대로 활동한다. 소규모로 다니는 윤리적인 여행을 통해 고대 문화와 때 묻지 않은 풍경에 흠뻑 빠질 수 있다.[19]

브라질 – 재규어 관찰

세계에서 가장 큰 습지인 판타날 습지에 있는 카이만 에콜로지컬

레퓨지Caiman Ecological Refuge는 비영리 단체 온사파리Onçafari와 협력하여 세상에서 가장 보기 드문 고양잇과 동물인 재규어를 보호하기 위해 노력하고 있다. 동물들이 사파리 차량에 익숙해지도록 조심스럽게 길을 들이고 현지인을 대상으로 보호 교육 프로그램을 시행한 덕분에 운이 좋은 방문객은 야생에서 재규어를 만날 수 있다.[20]

가이아나 – 지역 공동체 주도 체험 활동

세계에서 가장 지속가능한 목적지가 되기 위해 노력 중인 가이아나는 지역 공동체가 적극적으로 참여해 친환경 여행 네트워크를 개발했다. 최근 문을 연 친환경 로지 중 하나인 와라포카Warapoka에서는 잡은 물고기를 놓아주는 자연친화적인 낚시 기회를 제공한다. 아메린디안Amerindian 원주민 마을인 모라이코바이로 떠나는 당일치기 여행에는 카사바 밀가루(타피오카 가루–옮긴이) 만들기나 현지인과 함께 새를 관찰하는 활동이 포함된다.

멕시코, 멕시코시티 – 잇 라이크 어 로컬

멕시코시티에서 나고 자란 로씨오Rocio가 운영하는 잇 라이크 어 로컬Eat Like a Local의 '푸드 사파리Food Safaris' 프로그램은 관광객이 잘 찾지 않는 멕시코시티의 길거리 음식 노점이나 시장, 가족 운영 레스토랑을 다니며 관광객과 관광객의 입맛을 사로잡는다. 처음부터 끝까지 지역에 미칠 영향을 고려해 운영되며 수익의 100%가 멕시코시티 현지인에게 돌아간다.

아르헨티나, 부에노스아이레스 – 그래피티문도

비영리 단체 그래피티문도Graffitimundo는 관광객이 부에노스아이레스의 거리 예술 운동과 정치 역사가 어떻게 연관되어 있는지 이해할 수 있도록 돕는 관광 상품을 판매한다. 예술가들과 긴밀하게 협력하며 신진 예술가 또는 기회를 얻지 못한 예술가가 작업을 계속하고 작품을 판매할 수 있도록 공방을 열거나 갤러리 공간을 제공하는 데 수익을 사용한다.

어떻게 이동할까

코스타리카 – '까미노 데 코스타리카' 보행자용 도로

비영리 협회인 까미노 데 코스타리카Camino de Costa Rica는 소득이 절실한 농촌 지역까지 관광객이 닿을 수 있도록 보행자용 길을 닦았다. 이 길을 따라 16일 동안 화산과 구름이 짙게 깔린 숲, 구불구불한 언덕을 지나는 280km를 걸으며 전국을 가로지를 수 있다. 숙박은 호스텔, 가정집 민박이나 가족이 운영하는 숙소에서 할 수 있다.

칠레 - '까레테라 아우스트랄' 자전거 도로

1,304km에 걸쳐 칠레 파타고니아의 산을 오르내리고 둘러가는 코스인 까레테라 아우스트랄Carretera Austral은 푸에르토몬트와 파타고니아 북부를 잇는 자전거 도로다. 국립공원 두 개와 푸유후아피 핫 스프링스Puyuhuapi Hot Strings를 둘러싼 소수 민족 소유 숲을 가로지른다. 중간에는 여객선을 타는 구간이 있어 지친 다리에 쉴 틈을 줄 수 있다.

남아메리카 및 중앙아메리카 - 장거리 버스

남아메리카와 중앙아메리카 대륙에서는 최고의 경험을 할 수 있는 장거리 버스 여행을 할 기회가 많이 있다. 그중에서도 아르헨티나의 2층 버스는 특별한 경험이 될 것이다. 좌석을 거의 수평으로 젖힐 수 있을 뿐만 아니라 이색적인 음료와 스낵도 무료로 제공된다. 어딜 가든 거리가 만만치 않아서 이동하는 데 며칠이 걸릴 수도 있겠지만, 남미 대륙이 얼마나 광활한지 피부로 느끼기에 이보다 좋은 방법은 없을 것이다.

브라질 - 아마존 유람선

벨렘Belém에서 마나우스Manaus까지 가는 공공 유람선은 세계에서 가장 긴 강인 아마존을 관광하는 가장 저렴하면서 지속가능한 방법이다. 여행은 총 6일 여정이며, 승객은 단출하게 꾸며진 객실과 데

크의 해먹 중에서 여정 동안 머무를 공간을 선택할 수 있다. 물살을 따라 천천히 이동하며 핑크 돌고래를 볼 수 있으며 배에 함께 탄 다른 승객과 밤새 이야기꽃을 피울 수도 있다.

마리오 넬슨 재규어 보호 단체 '온사파리' 가이드

마리오 넬슨은 브라질에 위치한 세계 최초 재규어 보호 단체인 '온사파리'의 가이드다. 대대로 수렵꾼이었던 집안에서 태어나 판타네우의 소 농장에서 자란 그는 사냥 대신 보호에 힘쓰도록 가족들을 설득했다.

친환경 관광이 삶에 어떤 영향을 미쳤나요?

4년 동안 카이만 로지에서 온사파리의 가이드로 일하면서 얻은 경험과 교육을 통해 많이 배웠습니다. 삶의 방식이 바뀌었어요. 자연을 사랑하게 되었고 야생에 있을 때 행복합니다. 사람들에게 판타나우의 아름다움과 문화를 소개하며 삶이 충만해졌습니다.

가족과 친구들에게는 어떤 영향을 미쳤나요?

처음에는 큰 도전이었습니다. 저희 가족은 완전히 다른 방식으로 살아왔어요. 소 농장을 운영하며 동물을 사육하기만 했던 가족들은 보존 활동이나 친환경 관광은 생각해본 적도 없습니다. 하지만 친환경 관광 산업이 지역 사람들에게 더 나은 일자리가 제공한다는 사실을 증명해 인식을 바꿀 수 있었습니다.

**지금 살고 계신 지역에 관광 산업이 긍정적인 영향을 미친다고 생각
하시나요, 아니면 반대인가요?**

당연히 긍정적인 영향을 끼친다고 생각합니다. 동물을 보호하는
활동 외에도 지역에 더 나은 일자리를 제공해서 여러 가족이 전보
다 넉넉한 수입을 얻게 되었으니까요.

앞으로 어떤 미래를 꿈꾸시나요?

야생 동물을 보호하는 일을 하는 사람들이 더 많이 생겨서 우리
모두 터전을 보존해야 한다는 생각이 널리 퍼지면 좋겠습니다. 개인
적으로는 두 개의 언어를 사용하는 이중 가이드가 되고 싶고, 여행
하며 세상을 더 알아가고 싶습니다.

유럽

민주주의가 탄생한 아테네와 동서양이 만나는 관문인 이스탄불, 다양한 건축 방식을 자랑하는 런던까지 역사적인 호기심을 불러일으키는 유럽은 언제나 관광객들로 넘쳐난다. 언제나 사람이 넘쳐났던 지역이었으니 몇천 년 동안 얼마나 많은 일이 있었을지 상상하기는 그리 어렵지 않다. 좁은 면적 안에서 인간의 믿음과 노력의 흔적을 이렇게나 다양하게 볼 수 있는 장소는 유럽 말고 어디에도 없다.

사람들로 붐비는 도시가 점점 영역을 넓혀가고 있기는 하지만, 유럽의 자연경관과 지리적 여건은 여전히 관심 받을 만하다. '반도의 반도'라 불리며 바다를 따라 넝쿨처럼 얽힌 복잡한 해안선 덕분에 독특한 생태계가 존재하는데 이렇게 만들어진 놀랍도록 아름다운 경치가 유럽 현지인에게조차 알려지지 않은 경우가 많다.

루마니아의 광활한 카르파티아산맥, 그리스의 눈 덮인 올림포스,

스페인 피코 데 유로파의 한없이 깊은 협곡 등 잘 알려지지 않은 장소들을 찾아볼 이유는 충분하다. 과잉관광 문제가 점점 심각해져 가는 우리 시대에는 더 그렇다. 점점 관심을 모으고 있는 리와일딩 운동이나 관광 수입 없이는 계속될 수 없는 캠페인 또는 프로젝트를 지지하면 여행의 의미가 훨씬 깊어질 것이다. 유럽인들은 전반적으로 환경에 관심이 많지만 실천하는 방법은 가지각색이니 유럽을 방문한다면 현지인들이 어떻게 행동하는지 먼저 관찰해야 한다. 사회적 평등이나 포용성과 관련해서도 같은 태도를 유지하사.

어디에 묵을까

스웨덴, 베스트만란드 – 콜라빈 에코로지

베리슬라겐Bergslagen 숲속 깊은 곳에 있는 콜라빈 에코로지 Kolarbyn Ecolodge는 스톡홀름에서 불과 2시간 떨어진 곳에 있지만, 도시의 삶을 잊고 완전한 고요함 속에서 무스와 비버를 만날 수 있는, 자연을 온전히 즐기기에 좋은 장소다. '호빗 하우스'라는 별명이 붙은 오두막은 사냥용 피난처를 개조해 만들었으며 샤워 시설도 없고 전기도 들어오지 않는다. 다른 투숙객들과 공동으로 저녁 식사를 해결하고 모닥불을 피울 수 있다.[21]

탁 트인 전망과 함께 편안한 글램핑을 즐기고 싶다면 스위스의 화이트 포드 호텔White Pod Hotel을 찾아보자. 유럽식 친환경 지오데식 돔을 경험할 수 있다.

영국, 런던 - 굿 호텔

암스테르담을 출발해 런던의 빅토리아 부두까지 바다를 건너온 감옥이었던 굿 호텔Good Hotel은 독특한 역사만으로도 호기심을 불러일으킨다. 하지만 그중에서도 관광객에게 가장 관심을 받는 것은 환경에 대한 책임을 다한다는 호텔의 친환경 신조다. 설립자 마틴 드레센Marten Dresen은 사회적 기업을 추구하며 호텔을 운영하고 있으며, 호텔 수익은 지역 사회에 투자되거나 장기 실업자를 지원하는 데 사용된다.

그 밖에, '열린 마음'을 모토로 운영되는 오스트리아 빈의 마그다스 호텔Magdas Hotel 역시 사회적 기업으로서 14개 이상 국가의 난민을 고용한다.

영국, 콘월 - 스칼렛 호텔

스칼렛 호텔The Scarlet Hotel은 지속가능성을 추구하는 럭셔리 숙소의 선구자로 해변에 자리 잡고 있다. 천연 수영장, 녹색 정원과 현지 조각가의 작품들로 둘러싸여 있으며, 어떤 곳보다 오래전부터 지속 가능한 방식으로 운영되어왔다. 호텔에서 만든 지속가능성을 위한 111가지 지침에는 건축 공사 전 파충류 서식지 확보하기, 재활용 병으로 슬리퍼를 만들기 등이 포함된다.[22]

사생활이 조금 더 보장되는 친환경 해변 숙소를 찾는다면 시칠리아의 에코까사 펜나Eco Casa Penna를 찾아 태양열로 작동하는 최신식 시설을 최소한으로 갖춘 객실에서 묵어보자.

스위스 - 몽타뉴 얼터너티브

숙소의 공동 소유주인 베르누이 그라인들Benoit Greindl이 스위스 알프스의 고원에 있는 코메어Commeire 마을을 발견했을 당시 마을에 남아 있는 주민은 12명뿐이었다. 농사만으로 생계를 유지할 수 없던 마을 사람들이 대부분 도시로 떠났기 때문이었다. 지역 기술자들과 함께 마을 건물을 자연 중심의 휴양지와 호텔 '몽타뉴 얼터너티브Montagne Alternative'로 개조한 결과 버려졌던 산은 다시 활기를 찾았다.

환경은 다르지만, 크레타섬의 밀리아Milia 리조트도 이와 비슷한 프로젝트를 통해 시작되었다. 15세기식 집들과 아파트들은 관광 산업을 통해 지속가능한 방식으로 되살아났다.

이탈리아, 토스카나 – 아이 피니

아그리빌라 아이 피니Agrivilla i Pini는 비건 채식을 하고 유기농 방식으로 산다고 해서 와인과 맛있는 음식, 좋은 경치를 포기해야 하는 것은 아니라는 사실을 증명한다. 이탈리아식 저택을 섬세하게 개조해 만들어졌으며, 숙소 주변을 둘러싼 토스카나 특유의 구불구불한 언덕에서는 소나무와 무화과나무, 포도 농장을 볼 수 있다. 유기농 정원에서는 영속 농법 원칙에 따라 작물을 기르며 5헥타르 규모의 포도밭에서도 화학 물질을 사용하지 않고 향긋한 포도를 재배한다.

2019년 스코틀랜드에서 개장한 영국 최초의 비건 호텔 사오르사 1875Saorsa 1875도 '윤리와 타협하지 않으면서 시대에 뒤처지지 않는' 방식으로 운영된다.

무엇을 할까

영국 및 유럽 전역 – 깨끗한 해변 가꾸기

서퍼스 어겐스트 슈이지SAS: Surfers Against Sewage는 영국에서 가장 큰 플라스틱 쓰레기 줄이기 캠페인을 이끌고 있다. 현재까지 강, 바다, 거리, 공원에서 플라스틱 쓰레기 250,000㎏ 이상을 제거했다. SAS는 유럽 전역에서 1년에 몇 차례씩 주말 해변 청소 운동을 기획해 일반인들이 더 많이 동참할 수 있도록 하고 있다. 다른 해변 청소 운동에 대해 알아보고 싶다면 서프라이더 재단Surfrider Foundation의 오션 이니셔티브Ocean Initiative를 찾아보자. 23

스코틀랜드, 케언곰산맥 – 빅 픽처

리와일딩의 중요성을 깨달은 유럽 전역에서 다양한 보호 활동이 활발하게 진행되고 있다. 유러피안 사파리 컴퍼니The European Safari Company에서는 폴란드에서 들소를 추적하는 상품을, 유러피안 네이처 트러스트The European Nature Trust에서는 이탈리아 곰 보호 활동에 참여하는 상품을 출시했다. 리와일딩을 위해 노력하는 환경 단체 빅 픽처The Big Picture는 스코틀랜드 내에서 장단기 여행 프로그램을 운영한다. **24**

패로 제도 – 코크스

세계에서 가장 외딴곳에 있는 레스토랑으로 관심을 끄는 코크스 Koks는 유럽에서 가장 지속가능한 방식으로 미슐랭 스타를 받은 레스토랑이다. 수석 주방장인 폴 안드리아스 지스카Poul Andrias Ziska는 웅장한 산에 둘러싸인 소박한 건물에서 현지 재료와 전통 요리법을 고수하며 패로 제도의 맛과 향이 느껴지는 메뉴를 선보인다.

네덜란드/독일 – 재즈 나이트 급행열차

암스테르담에서 출발하는 야간열차가 없어져 섭섭했다면, 2016년 이후 노르트 베스트 익스프레스Noord West Express가 네덜란드 로테르담에서 출발해 암스테르담을 거쳐 독일 베를린까지 왕복하는 24시간 침대칸 열차를 제공하고 있으니 참고하자. 재즈 나이트 급행열차Jazz Night Express는 승객이 직접 재즈 밴드와 DJ 공연을 기획할 수 있고 식당칸에서 즐기는 '미식 여행' 등을 운영·계획할 수 있어 기차 여행을 각종 즐길 거리로 가득 채울 수 있다.

스위스/오스트리아/프랑스, 알프스산맥 – 알파인 펄

알파인 펄Alpine Pearls은 자동차 없이도 유럽에서 가장 아름다운 산들을 가로지르며 휴일을 보낼 수 있도록 기차와 버스로 찾아갈 수 있는 알프스 마을 21개를 소개한다. 돌로미티산맥의 사우스티롤에서 마터호른산 기슭의 샤모아까지 겨울철과 여름철 액티비티를 즐길 수 있으면서 지속가능성을 추구하는 마을들을 여행할 수 있을 것이다.

어떻게 이동할까

유럽 – 순례길 걷기

유럽 전역에서 산과 언덕, 도시와 해안을 지나는 역사가 깊은 도로나 순례길을 찾을 수 있다. 리키아 가도를 따라 로마 유적과 해변, 폭포를 둘러보거나 영국 순례여행 위원회British Pilgrimage Trusts의 올드 웨이Old Way를 따라 대성당과 석회암 구릉 지대를 탐험해보자. 가장 유명한 순례길은 스페인 북부를 가로지르는 까미노 데 산티아고Camino de Santiago인데, 관광객이 덜 찾는 경로로 다니면 훨씬 보람 있는 여행이 될 것이다.[25]

네덜란드, 로테르담 – 페어 페리

페리가 탄소 효율적이지 않다고 생각하는 사람들이 많지만, 혁신적인 신생 기업들이 이런 인식을 바꾸고 있다. 그중 하나가 화석 연료 대신 풍력을 활용하는 페어 페리Fair Ferry다. 로테르담에서 런던까지 가는 급행 노선과 장기 노선이 있으며, 심지어 대서양을 건널 수도 있다.

프랑스와 영국 – 애비뉴 베르테

애비뉴 베르테Adventure Verte는 영국과 프랑스의 합작 프로젝트로, 런던과 파리 사이 약 400km를 자전거를 타고 달릴 수 있도록 자동차가 없는 도로나 시골길을 연결한다. 가장 즐겁게 달릴 수 있는 구간은 디에프의 채널 페리Channel Ferry 선착장을 밖에서 만날 수 있는 옛 철도 노선을 아스팔트로 덮어 만든 길이다. 구불구불한 과수원 길과 낡은 시골 고택을 지나며 프랑스 북부를 속속들이 즐길 수 있다.

스코틀랜드 – 로버 패스

유럽의 철도망은 세계 최고 수준이고 지금도 끊임없이 개선되고 있다. 스코틀랜드에서는 글래스고Glasgow에서 존오그로츠John O'Groats까지 전국의 철도와 페리를 최대 8일 동안 무제한으로 탈 수 있는 로버 패스The Rover Pass라는 경제적인 상품이 출시되었다. 더 자세히 알아보고 싶다면 그린 트래블러Green Traveller에서 소개하는 비행기 없이 여행하는 법을 확인해보자.[26]

스위스 – 전기차 로드 트립

유럽은 전기 자동차를 타고 로드 트립을 떠나기에 시설이 잘 갖추어져 있고, 계속해서 새로운 여정이 소개되고 있다. 최근에는 마이 스위철랜드My Switzerland에서 'E-그랜드 투어E-Grand Tour'를 소개했다. 2,000km를 달리는 동안 22개의 호수와 알프스의 고개를 지나며 포도밭과 동화 속에나 나올 법한 마을 등 아름다운 스위스의 풍경을 마음껏 감상할 수 있는 여정이다.

아프리카

세계에서 가장 유명한 야생 동물 여행지인 아프리카에는 빅 5라고 하는 대표 동물들 외에도 볼거리가 많다. 철 따라 이동하는 동물 떼를 관찰하거나 고릴라 숲에 들어가볼 수도 있고, 산을 오르거나 끝없이 펼쳐진 사막을 거닐거나 바다를 탐험하기에도 좋다. 독특한 풍경을 자랑하는 우간다의 루웬조리산과 기니만의 맹그로브 숲과 삼각주, 모로코의 아틀라스 고원, 칼라하리 사막의 시시각각 모습을 바꾸는 모래 언덕 등 아프리카의 매력은 끝이 없다.

아프리카는 세계 최초의 인류(호모 사피엔스는 최소 20만 년 전부터 아프리카에 살았다고 알려진다)가 탄생한 곳으로 문화적으로도 호기심을 자극한다. 에티오피아의 바위를 깎아 지은 암굴 교회에서 잔지바르의 향신료 시장에 이르기까지, 복잡한 역사 덕분에 문화유산에 관심이 많은 사람이라면 몇 년간 아프리카에서 눈을 떼지 못할 정도

로 볼거리가 가득하다. 이런 야생 동물과 문화를 지키려면 지금보다 아프리카에 훨씬 관심을 가져야 한다. 부패한 지도자, 내전, 식민정책으로 최근까지도 고전을 거듭했던 아프리카 대륙에서 새로운 희망이 피어나고 있으며 창의적이고 혁신적인 아이디어가 놀랄 정도로 쏟아져 나오는 중이다.

아프리카는 세계에서 인구가 가장 빠르게 증가하고 있는 데다 천연자원이 풍부해서 대륙 전역의 자연 풍경이 위협받고 있다. 관광산업은 환경운동가들의 노력을 뒷받침할 수 있다. 밀렵꾼으로부터 동물 종을 구하든, 광업이나 농업으로부터 생태계를 보호하든, 가장 지속가능한 여행은 사람을 중심으로 이루어진다. 아프리카 여행이 의미 있으려면 새로운 형태의 제국주의에 자금을 대는 대신 지역공동체의 역량을 강화하고 이들의 경제 상황을 개선하도록 노력해야 한다.

어디에 묵을까

우간다, 캄팔라/잠비아, 루사카/말라위, 릴롱궤 - 래티튜드 호텔

래티튜드 호텔Latitude Hotels은 아프리카 호텔에 대한 편견을 깨겠다는 야심 찬 계획을 세운 신생 호텔 체인이다. 아프리카에서 가장 활기찬 도시에 예술가에 의한, 예술가를 위한 공간을 마련하고, 야생 동물과 여행객이 최대한 접촉하지 않도록 노력하고 있으며 운영에 관한 결정을 내릴 때는 사회적으로 미칠 영향과 환경 보호 측면을 고려한다.

27

그 밖에, 나이로비의 중간급 호텔인 아카시아 트리 로지Acacia Tree Lodge는 수익 전체를 나이로비 빈민가 어린이를 위한 교육 기금에 투자하고 있다.

우간다 − 볼케이노 사파리, 키얌부라 골지 로지

볼케이노 사파리Vocanoes Safaris는 우간다와 르완다에서 지속가능한 방식으로 서비스를 제공하는 호텔 그룹이다. 최초로 고릴라 캠프를 열었으며, 캠프에서는 지역에서 나는 자원을 사용하면서 공정한임금을 지급한다. 2019년에는 '유인원 계곡Valley of the Apes'을 보호하기 위해 키얌부라 협곡 친환경 관광Kyambura Gorge Eco-tourism 프로젝트를 통해 보호 사업의 범위를 넓혔다.[27]

규모는 훨씬 소박하지만 볼케이노 사파리처럼 지역 사회를 중심으로 운영하는 남아프리카공화국의 쓰리 트리 힐 로지Three Tree Hill

Lodge는 탁 트인 콰줄루나탈주의 풍경을 즐길 수 있는 가족 친화적인 게스트하우스다.

나미비아 - 울웨단스 듄 캠프

언뜻 황량해 보이는 나미비아 남서쪽에 있는 울웨단스Wolwedans 그룹의 럭셔리 캠프들은 16만 헥타르의 훼손되지 않은 자연을 나미비아브랜드 자연보호구역NamibRand Nature Reserve으로 만드는 데 중요한 역할을 했다. '롱런'의 창립 멤버이기도 한 친환경 캠프들은 모두 보존, 공동체, 문화 및 상업이라는 4C 원칙에 따라 운영된다. [28]

아프리카에서 가장 오래된 사파리 여행사 중 하나인 코타르스 사파리Cottar's Safaris는 최근 주변 지역 공동체가 운영하는 보존 활동에 자금을 지원하기 위해 텐트 객실을 짓고 보호 캠프Conservationi Camp 상품을 출시했다.

보츠와나, 윌더니스 사파리 마가시 캠프

르완다 아카게라 국립공원Akagera National Park이 재정적으로 지속 가능성을 확보할 수 있도록 돕는 중요한 보존 활동에 참여해도 좋지만 마가시Magashi 캠프에서 지내는 것만으로도 보탬이 될 수 있다. 캠프는 100% 태양열을 사용해 전력을 얻고, 일회용 플라스틱을 사용하지 않는다. 직원의 3분의 1은 전문 훈련을 받은 주변 지역 공동체 출신이며, 윌더니스 에코 클럽Wilderness Eco-Club을 통해 60명의 지역 어린이에게 자연과 친해질 기회도 제공하고 있다.

여행객에게는 덜 알려졌지만 자연의 아름다움을 고스란히 간직한 자쿠마 국립공원Parc National Zacouma에도 환경친화적인 숙소 캠프 노마드Camp Nomade가 있다. 1년 중 개방하는 시기가 정해져 있으니 참고하자.

말라위, 말라위호 - 둠웨 아일랜드 어드벤처 캠프

단순함을 추구하는 어떤 숙소도 말라위호숫가에 비밀스럽게 숨겨져 있는 둠웨 아일랜드 어드벤처 캠프Domwe Island Adventure Camp보다 더 소박하게 아름다울 수는 없을 것이다. 전기가 들어오지 않아서 어둠을 밝히려면 햇빛, 양초, 손전등을 이용해야 하며, 풍경을 해치지 않는 사파리 텐트에서 머물며 퇴비형 화장실을 사용하게 된다. 캠프 근처에서는 하이킹, 수영, 카약 등을 즐길 수 있다.

잔지바르 해안 근처 작은 섬에 있는 춤브 아일랜드 로지Chumbe Island Lodge 역시 자연 중심 숙소로 아프리카에서 가장 좋은 평가를 받고 있다.

무엇을 할까

콩고민주공화국 – 콩고 보존 활동하기

대륙에서 방문객이 가장 적은 콩고 분지에는 롤런드고릴라, 둥근 귀코끼리, 붉은물소 등이 서식하며 조밀하고 복잡한 생태계를 만들고 있다. 콩고 컨저베이션 컴퍼니Congo Conservation Company는 연구를 위해 오잘라코코와Odzala-Kokoua 국립공원과 싱가 트리내셔널Sangha Trinational(중앙아프리카의 자연경관으로 2012년 유네스코 세계자연유산으로 등재되었다-옮긴이)을 탐험하는 상품을 운영하며 여행객에게 자연의 소중함을 일깨운다. [29]

말라위 – 목적이 있는 스포츠 즐기기

자연에 보답하면서 건강까지 챙기고 싶다면 오르비스 익스페디션 Orbis Expedition과 함께 환경을 위한 스포츠 활동에 동참해보자. 장거리 러너 수지 찬Susie Chan과 함께 뛰어보거나 자전거 세계 일주 경력자 마크 보 몬트Mark Beaumont와 함께 자전거를 타거나, 모험가이자 작가인 사라 아우텐Sarah Outen과 함께 하이킹을 할 수도 있다. 친환경 브랜드인 싱기타Singita의 그루메티 펀드 런Grumeti Fund Run이나 소말리아 마라톤Somalia Marathon에 참가해도 좋다. [30]

마다가스카르 – SEED 봉사활동

지속가능한 개발을 위한 자선 단체인 SEED 마다가스카르와 함께 자원봉사를 하면서 벌목이 심각하게 진행된 마다가스카르섬에 희

망을 전할 수 있다. 의료, 생계, 보존 및 교육 프로젝트에 참여할 수
있으며, 자원봉사 참가비의 92%가 단체에 직접 전달된다.

모리셔스와 레위니옹 – '모리셔스 컨셔스' 친환경 투어

모리셔스와 레위니옹은 느긋하게 여유를 즐길 수 있는 휴양 리조
트들로 유명하지만, 이외에도 독특한 게스트하우스, 모험을 즐길 수
있는 정글과 산, 다양한 문화가 공존하는 곳이다. 친환경 투어를 운
영하는 모리셔스 컨셔스Mauritius Conscious는 여행자가 해변에서 벗어
나 지역 공동체에서 운영하는 자연 및 문화유산 체험 활동에 참여
할 수 있도록 돕는다.

아크라/다카/케이프타운/요하네스버그 – '테이스트마스터스 아프
리카' 프로그램

매거진 〈퓨전Fusion〉으로부터 '아프리카를 경험하는 섹시하고 멋진
방법'이라는 찬사를 받기도 했던 테이스트마스터Tastemasters는 아프
리카 여행하면 떠오르는 틀에 박힌 이미지를 깨기 위해 노력하고 있

다. DJ와 함께 밤 문화 즐기기, 예술작품 감상하기 등 제공되는 프로그램들은 모두 아프리카의 진짜 모습을 보여줄 수 있도록 까다롭게 선정된다. 지역 가이드와 큐레이터가 열정적인 예술가이거나 환경 보호 활동가인 경우도 많다.

어떻게 다닐까

케냐 – 리모트 앤 와일드 워킹 사파리

리모트 앤 와일드 워킹 사파리Remote N Wild Walking Safaris는 걸어다니면서 아프리카 대륙의 광활한 자연을 느낄 수 있는 사파리 프로그램을 운영하는 곳이다. 지역 원주민인 삼부루족과 환경에 해를 끼치지 않는 방식으로 운영되며, 수익은 자연 보존 기금으로 쓰인다. 이 프로그램을 운영하는 미글리 재단Miglis Trust은 렌키요우Lenkiyou(매튜 Matthews) 보존구역 서북쪽에 펼쳐진 6,000km²의 귀중한 자연 생태계를 보호하며, 특히 밀렵에 의해 대폭 감소한 코끼리 개체 수를 회복시키기 위해 힘쓰고 있다.

보츠와나 – 셀린다 카누 트레일

지속가능한 방식으로 보츠와나 자연의 생명력을 고스란히 느껴보고 싶다면 셀린다 카누 트레일Selinda Canoe Trails을 추천한다. 옛 수로를 따라 나흘간 패들보트를 타고 40km을 이동하면서 1,300km²에이커 규모의 셀린다 보호구역Selinda Reserve을 가로지르는 일정이다. 코끼리, 물소, 아프리카 들개를 비롯해 다양한 종류의 야생동물

을 관찰할 수 있다.[31]

탄자니아 기차 여행

아프리카 하면 떠오르는 열차 노선은 로보스 레일Rovos Rail이나 블루 트레인Blue Train이지만 좀 더 날것을 체험해보고 싶다면 탄자니아의 수도인 다르에스 살람에서 잠비아의 카피리 음포시까지 1,860km를 잇는 열차 노선을 이용해보자. 1등석 침대칸, 식당칸, 라운지가 갖춰져 있으며, 셀루스 동물보호구역Selous Game Reserve을 지나는 동안 창밖으로 야생동물들이 뛰노는 모습을 구경할 수도 있다.

동아프리카 항해 탐험

직접 배를 타고 바다로 나가보면 동아프리카의 티 없이 맑고 깨끗한 해안을 제대로 경험할 수 있다. 익스플로레이션스 컴퍼니The Explorations Company에서는 여러 가지 항해 탐험 상품을 판매하고 있으니 참고해보자. 아랍식 다우 배(삼각형 돛을 단 배-옮긴이)를 타고 모잠비크 퀴림바스 군도Mozambique Quirimbas를 돌며 매일 밤 해변에서 캠핑을 즐기거나 잔지바르 섬 체험 상품을 통해 스와힐리족 어촌 마을의 삶을 가까이에서 지켜볼 수도 있다.

르완다 사이클링

수천 개의 언덕이 모여 만든 땅이라 불리는 르완다에서는 아프리카를 통틀어 가장 험난하지만 보람찬 사이클링 코스를 경험할 수 있다. 가장 유명한 코스는 227km짜리 콩고 나일 트레일Congo Nile Trail로, 5일간 키부Kivu 호수를 끼고 작은 마을들을 지나며 시골의 정취를 느낄 수 있다. 프로 사이클링 팀을 운영 중인 '아프리카 라이징 사이클링Africa Rising Cycling'을 통해 자세한 내용을 살펴볼 수 있다.[32]

중동

/

문명의 요람인 중동의 역사는 한없이 매혹적이어서 역사가 아니라 거의 전설처럼 전해질 정도다. 고대 유물과 문명의 흔적이 집중된 이 지역에서는 흔히 알려진 피라미드보다 훨씬 더 많은 문화유산을 만날 수 있다. 이집트의 나일 계곡 전역에 역사의 흔적이 남아 있고 요르단의 페트라, 이란의 페르시아 이스파한, 레바논의 로마 유적지 등도 마찬가지다. 최초의 도시가 건설되고 세계의 3대 종교가 모습을 갖춘 곳도 이 지역이다. 최근에는 초호화 고층 빌딩 도시로 이름을 날리고 있다.

자연환경 역시 풍부하다. 나일강과 유프라테스처럼 유서 깊은 강과 함께 사하라 사막, 루브알하리 사막, 와디 룸 같은 거대한 사막도 볼 수 있다. 이란의 산과 이집트의 홍해 사이에 펼쳐진 건조한 국립공원, 울창한 숲, 눈 덮인 산 정상과 산호로 가득한 바다를 걷거

나 사륜구동차를 몰거나 배를 타고 즐길 수 있다. 아랍식 손님 접대 문화도 아름다운 자연만큼이나 매력적이다. 무스카트의 시장이나 카이로의 좁은 골목에서 잠깐 차를 마시려고 앉았다가 현지인과 깊은 대화를 나누게 되더라도 전혀 이상한 일이 아니다.

지속가능한 방식으로 책임감 있게 여행한다면 중동의 사회적 발전과 환경 보전에 보탬이 되면서 고정 관념을 뛰어넘어 중동의 진짜 모습을 볼 수 있을 것이다. 석유, 내전, 열악한 인권, 대규모 개발을 떠오르게 하는 중동 지역에서 긍정적 목소리를 내기 위해 노력하는 이들을 지지하는 데에도 도움을 줄 수 있다. 책임감 있게 관리되는 관광 산업을 통해 중동만의 고유한 생태계와 유산을 보호하며 지역 공동체에 활기를 불어넣을 수 있을 것이다.

어디에 묵을까

요르단 – 페냔 에코로지

바위가 훤히 드러난 와디아라바의 주변 환경과 잘 어우러지는 페냔 에코로지Fenyan Ecolodge는 100% 태양열로 전력을 얻는 등 15년 이상 환경친화적인 방식으로 여행객을 맞이했다. 왕립자연보호협회Royal Society of Nature가 지었지만, 요르단 기업 에코호텔스EcoHotels에서 운영을 맡아 다나 자연보호구역Dana Biosphere Reserve의 베두인Bedouin 공동체가 발전할 수 있도록 노력하고 있다.

주변 환경은 사뭇 다르지만, IHG 그룹은 두바이 최초 태양열 호텔인 인디고 두바이Hotel Indigo Dubai를 개장했다.

오만 – 술리 에코로지

휘황찬란한 호화 리조트가 흔한 중동에서 술리 에코로지Souly Ecolodge의 단출한 건물은 오히려 신선하게 느껴진다. 살랄라의 때 묻지 않은 해안을 따라 자리 잡은 방갈로들은 현지에서 구한 재활용 목재와 석재를 사용하여 지어졌다. 욕실에 마련된 용품들도 모두 유기농 제품이며 지역에서 구한 재료를 활용해 만든 음식을 대접하고 친환경 체험 프로그램을 제공한다.

사막을 더 호화롭게 경험하고 싶다면 알릴라 자발 아크다 오만 Alila Jabal Akhdar Oman을 살펴보자. LEED 원칙(친환경 건축물 평가 시스템–옮긴이)에 따라 지어졌으며, 기발한 전통 관개 시스템을 통해 물을 절약한다.

레바논 – 브카르즈이

번잡한 베이루트에서 불과 45분 거리에 있는 '브카르즈이Bkerzay 마을'은 올리브 나무와 숲이 울창한 언덕 위에 지역에서 나는 석재로 건물을 지어 올린 환경 보존 프로젝트다. 자체 정화 시스템을 통해 물을 재활용하며 태양열로 게스트하우스에 필요한 전력을 공급한다. 각 건물은 전통 레바논식으로 꾸며졌으며 지역에서 나는 나무를 활용했다.[33]

이란 야즈드 근교에 있는 나리티 에코로지Naritee Ecolodge 역시 오래된 건축 기술을 활용해 지어졌으며 주변 환경과 섬세하게 잘 어우러진다.

아랍에미리트, 두바이 – 알 마하

도심에서 불과 1시간 떨어진 곳에 있는 알 마하Al Maha 럭셔리 텐트 캠프는 두바이사막보존지역Dubai Desert Conservation Reserve 한가운데 보물처럼 숨겨져 있다. 베두인 문화와 자연환경을 보전하기 위해 지어졌으며, 에미레이트 호텔 앤 리조트Emirates Hotels & Resorts에서 두바이 총면적의 5%를 차지하는 보존지역을 조성하기로 하는 데 중요한 역할을 했다.[34]

두바이 서쪽에 있는 알 파야 로지Al Faya Lodge도 버려진 주유소를 개조해 지어진 호기심을 자극하는 숙소다.

무엇을 할까

아랍에미레이트 - 두바이 바다거북 재활 프로젝트

두바이의 야생 동물 보호 사무소Wildlife Protection Office와 협력하여 운영되며 바다거북 550마리 이상이 이 프로젝트를 통해 구조되어 자연으로 돌아갔다. 부르즈 알 주메이라Burj Al Jumeirah에 있는 센터에서는 통제된 환경에서 구조된 바다거북을 돌본다. 인공위성을 통해 자연으로 되돌아간 바다거북의 상태를 추적하기도 한다. 방문객과 현지인에게 보호 교육도 제공하고 있다.[35]

팔레스타인 - 시라즈 센터

시라즈 센터Siraj Centre는 관광 관련 상을 받기도 한 비영리 단체로 교육적인 체험, 문화 및 민박을 통해 팔레스타인 사람들과 여행객을 잇는 다리 역할을 한다. 올리브 수확 축제Annual Olive Harvest 및 크리스마스 평화 순례Christmas Peace Pilgrimage와 같은 특별 행사에는 신앙과 배경에 상관없이 누구나 참여할 수 있다. 가이드와 함께하는 자전거 여행이나 하이킹 상품을 개발하기도 한다.[36]

요르단 – 왕립자연보호협회

자연 보호를 위한 왕립자연보호협회Royal Society for the Conservation of Nature에서 운영하는 와일드 요르단Wild Jordan 친환경 관광 프로젝트 덕분에 요르단은 환경 보존 관광의 선구자로 불린다. 왕립자연보호 협회가 보호지역에 필요한 인력을 100% 현지인으로 채용한 덕분에 16만 가구 이상이 친환경 관광의 혜택을 받고 있다.

요르단 – 이라크 알 아미르 여성 협동조합

트래블 코퍼레이션The Travel Corporation과 투어리즘 케어스Tourism Cares에서 자금을 지원받아 설립된 이라크 알–아미르 여성 협동조합Iraq Al-amir Women's Cooperative은 현지 여성들이 관리와 운영을 맡아 외딴 와디 시어 지역의 실직 여성이 기술을 배울 수 있도록 돕는다. 수공예품이나 도자기를 만들고 판매하는 방법 등 다양한 프로그램을 제공하며, 프로그램을 통해 만든 상품들을 기념품 가게에서 판매하기도 한다.

이란 – 가일붐 홈스테이

규모는 작지만 큰 뜻을 품은 친환경 숙소 가일붐 홈스테이 Gileboom Homestay는 여행자가 주변 시골 마을에 가까이 다가갈 수 있도록 다양한 체험 활동을 제공한다. 언덕에 핀 야생화와 오렌지 꽃향기가 코끝을 자극하는 봄이면 차 가공, 오렌지 따기, 모내기 등 하루 종일 '농촌 체험 관광'에 참여할 수 있다.

어떻게 이동할까

두바이 – EVRT

두바이의 EVRT는 최첨단 전기 자동차 기술을 구현한 전기차로 5일간 2,000km를 달리는 '세계에서 가장 흥미로운 전기 자동차 로드 트립'이다. 자동차 브랜드 7개가 행사에 참여하며, 여정 동안 아랍에미리트에서 가장 멋진 풍경을 마음껏 누릴 수 있다. '더 스마트한 이동 수단'이 하루빨리 정착하도록 하는 것이 이 행사의 목표다.

터키와 이란 – 트랜스아시아 익스프레스

트랜스아시아 익스프레스Transasia Express는 기차를 타면 이스탄불과 테헤란 사이에 있는 역동적인 도시, 거대한 산, 숲이 우거진 풍경과 강이 흐르는 계곡을 달리며 최고의 슬로우 여행을 즐길 수 있다. 2,900km짜리 긴 여정이지만 고속 열차에서 야간열차로, 페리에서 야간열차로 갈아타다 보면 지루함을 느낄 틈이 없다.

37  38

레바논 공화국 – 레바논 마운틴 트레일

레바논 마운틴 트레일Lebanon Mountain Trail은 레바논에서 가장 긴
470km짜리 하이킹 코스로 27일간 완주할 수 있도록 구간이 나뉘
어 있다. 해발 570m에서 2,073m까지 오르락내리락하며 마을 76개
이상을 지난다. 농촌 공동체가 서로 협력할 수 있도록 돕고 레바논
의 독특한 문화유산과 자연경관을 선보이는 동시에 경제적 기회를
제공한다.

요르단부터 이집트까지 – 페리

정보를 얻기 위해 발품을 팔고 싶지 않은 사람에게는 좋은 방법
이 아닐 수도 있다. 하지만 비행편보다 한 시간(느린 페리로는 4시간)짜
리 페리가 홍해를 건너는 훨씬 흥미로운 방법인 것만큼은 보장한다.
AB마리타임ABMaritime에서 우뚝 솟은 사우디아라비아의 산을 배경
으로 매일 아쿠아바Aquaba와 누웨이바Nuweiba를 오가는 페리를 운
행하고 있다. 37

오만 – 투어 오브 오만

사이클리스트라면 무스카트에서 출발해 산을 오르고 해안을 따라 달리며 도시를 가로지르는 투어 오브 오만Tour of Oman을 눈여겨보자. 잘 닦인 도로와 건조한 기후, 다채로운 풍경들 덕분에 사이클리스트들 사이에서 오만은 최고의 여행지로 꼽힌다. 프로 사이클리스트인 크리스 프룸Chris Froome처럼 격하게 달려도 좋고, 느긋하게 풍경을 만끽해도 좋다. 무스카트에는 자전거를 빌려주는 곳도 많으니 마음이 동한다면 언제든 떠나보자. [38]

아시아

최근 수십 년 동안 배낭여행을 하는 사람도 고급 휴양지를 찾는 사람도 동양 철학이나 여유 넘치는 시골 마을, 에너지 넘치는 도시, 산속에 감춰진 왕국을 좇아 아시아로 모여들었다. 동남아시아의 잘 알려진 여행 경로 말고도 관광객이 잘 찾지 않는 파키스탄의 고원이나, 말레이시아, 보르네오 같은 나라의 유적지, 실크로드를 따라 펼쳐진 '~스탄'으로 끝나는 내륙 국가들, 일본의 독특한 사원과 음식이나 러시아, 중국처럼 세계에서 손꼽는 강대국들까지 아시아 대륙에는 다양한 볼거리가 넘쳐난다.

넓은 땅 위에 다양한 문화가 살아 숨 쉬는 아시아는 모순의 땅이다. 세계에서 가장 행복한 나라(부탄)와 세계에서 가장 억압받는 나라(북한)가 동시에 존재하고, 영적 깨달음(불교)과 극단적 소비지상주의(중국)가 처음 생겨난 곳이기도 하다. 지리적으로도 다양한 특

성을 엿볼 수 있다. 생물 다양성 핫스팟 중 7개가 아시아에 있으며, 동남아시아에는 지구 생물 종의 20%가 서식한다. 좀 더 북쪽에 있는 중국의 헝돤산맥 지역은 세계에서 가장 풍부한 온대 생태계이며, 시베리아는 세계에서 자연 생태계가 가장 잘 보존된 지역 중 하나이다.

빠른 속도로 성장하는 경제, 늘어나는 인구, 팜유를 생산하기에 좋은 환경조건 때문에 자연 서식지 손실은 아시아에서 가장 시급하게 해결해야 할 환경 문제 중 하나로 떠올랐다. 세계에서 삼림 벌채율이 가장 높은 이 지역에서 코끼리, 호랑이, 오랑우탄과 같은 대형 동물군은 멸종 위기에 놓여 있다. 높게 쌓여가는 플라스틱 쓰레기 더미와 폐수가 흘러나오는 의류 공장들이 모여 있어 환경 오염이 피부로 느껴지는 지역이기도 하다. 아시아에서 지속가능한 방식으로 여행하고 싶다면 다른 어떤 곳에서보다 자연에 미치는 영향을 최소화하고 환경보호 활동을 지지하기 위해 노력해야 한다.

어디에 묵을까

네팔 – 타이거 마운틴 로지

포카라 계곡 맞은편 절경이 내려다보는 곳에 자리 잡은 근사한 붉은 벽돌 숙소인 타이거 마운틴 로지Tiger Mountain Lodge는 현지 장인 300명의 노력으로 완성되었다. 이 숙소에서는 플라스틱을 거의 사용하지 않을 뿐만 아니라 필요한 물품과 인력은 모두 현지에서 구하고 있다. 공동체 지원 파트너십Community Support Partnership 프로그

램을 운영하며 산림 관리원이나 초등학교 교사를 재정적으로 지원하는 등 적극적으로 주변 지역을 개선하기 위해 노력하고 있다.³⁹

스리랑카의 가족 경영 호텔 체인인 제트윙 호텔스Jetwing Hotels도 쓰레기와 에너지 사용을 줄이기 위해 40년 이상 노력해온 지속가능성을 추구하는 기업이다.

캄보디아 - 카다몬 텐트 캠프

보툼사코르Botum Sakor 국립공원을 보호하기 위해 와일드 라이프 얼라이언스Wildlife Alliance와 특별한 파트너십을 맺은 카타몬 텐트 캠프Cardamon Tented Camp는 사파리 스타일 텐트 8개를 통해 산림 관리인 12명에게 자금을 지원한다. 이미 공원에서는 천산갑 같은 동물 종의 생존을 위협하는 밀렵, 사냥 및 불법 벌목이 감소했다. 투숙객은 보호 활동에 참여하거나 편히 쉬며 정글을 만끽할 수 있다.

카다몬에서 멀지 않은 곳에, 트모어 루앙Thmor Roung 강의 세찬 물살이 내려다보이는 강둑에는 친환경 리조트 '신티 마니 와일드Shinti Mani Wild'가 있다. 선구적인 디자이너 겸 호텔리어인 빌 벤슬리Bill Bensley가 주변 정글과 잘 어우러지도록 설계한 숙소다.

태국 – 아카린

아카린Akaryn 그룹은 아시아 최초로 일회용 플라스틱을 사용하지 않는 호텔 아키라 타스 수쿰빗 방콕akra TAS Sukhumvit Bangkok을 개장 한 후, 그룹이 소유한 호텔 전체에 같은 정책을 적용했다. 호텔 백오 피스에도 정책이 적용된다는 점이 인상적인데, 물품 조달 단계에서 부터 플라스틱을 줄이기 위해 공급 업체와도 협력하고 있다. 호텔에 서 운영하는 퓨어 블루 재단Pure Blue Foundation은 지역 주민과 방문 객 교육 프로그램을 제공한다.[40]

역시 방콕에 있는 더 야드 호스텔The Yard Hostel은 쓰레기 문제 해 결을 위해 노력하고 있다. 건물은 새활용(버려지는 물건을 새롭게 디자 인해 가치 있는 물건으로 재탄생시키는 재활용 방식–옮긴이)된 선적 컨테이 너와 기타 재사용 자재로 지어졌다.

일본 – 야스에소우 바이오호텔

오스트리아에서 일어난 운동에서 영감을 얻어 호텔을 창립한 카 즈히코 나카이시Kazuhiko Nakaishi는 화학 물질에 노출되지 않는 유기 농 방식 여행을 통해 삶의 질을 높일 수 있음을 증명하기 위해 노력 하고 있다. 이 그룹에서 집중하고 있는 숙소는 나가노의 야스에소 우 바이오호텔Yasuesou Biohotel로, 유기농 면 침구를 사용하고 현지 에서 재배된 카밀레(국화과 약용 식물–옮긴이)로 향을 낸다.

네팔의 타이거 마운틴 포카라Tiger Mountain Pokhara는 직접 재배하 거나 인근 농장에서 재배한 신선한 유기농 재료로 만든 음식을 제 공해 네팔에서 가장 지속가능한 방식으로 손님을 접대한다는 평을

받고 있다.

인도네시아 - 쎔페닥 프라이빗 아일랜드

쎔페닥 프라이빗 아일랜드Cempedak Private Island는 싱가포르에서 육로와 배로 고작 몇 시간 거리에 위치한 리조트로, 자매 리조트인 니코이 아일랜드Nikoi Island보다 최근에 개장했다. 역시 '롱런'의 4C를 바탕으로 지속가능성을 추구한다. 울창한 숲속에 지역에서 나는 알랑알랑 풀을 엮어 지어진 독채 객실들은 푸른빛 해양 보호구역으로 이어지는 흰 모래사장과 잘 어우러져 멋진 풍경을 자아낸다.41

미얀마의 람피 마린 국립공원Lampi Marine National Park 가운데 있는 한가로운 섬 위에도 소박한 아름다움을 뽐내며 지역 공동체를 지원하는 리조트 와 에일Wa Ale이 있다.

메이 장 와일드 차이나 창립자

와일드 차이나wildChina는 실험적이고 지속가능한 여행을 통해 세련된 방식으로 재해석된 지역 문화와 자연을 소개하며 중국의 색다른 모습을 보여주기 위해 노력하고 있다.

지속가능 여행의 다음 단계는 무엇일까요?

누구나 할 수 있다는 사실을 널리 알려야 합니다. 지속가능한 방식으로 여행한다고 해서 돈이 더 드는 게 아니며(때로는 더 저렴하며) 환경 보존 활동이나 친환경 숙소에 집중하지 않아도 됩니다. 지속가능한 방식으로 여행하는 방법은 아주 다양합니다. 우리가 책임지고 이런 방법들을 알려야 합니다.

지속가능한 미래를 꿈꿀 때 가장 힘이 되는 것은 무엇인가요?

지속가능성에 관해 이야기하고 있다는 사실입니다. 다양한 산업에서 지속가능성이 무엇인지 고민하고 있고, 머지않아 지속가능성을 위한 실천은 꿈 같은 이상향이 아니라 당연한 기준이 될 것입니다. 끊임없이 이런 대화를 하는 것이 그 첫 번째 단계이겠지요.

지속가능 여행을 하려는 사람들에게 하고 싶은 조언이 있나요?

관광객이 많은 곳은 피하세요. 관광객이 몰려 대규모 개발이 시작 되면 지역 공동체와 자연, 문화유산이 파괴되고, 절대 지속가능한 방식으로 여행할 수 없게 됩니다. 일회용 플라스틱을 사용하지 않고 편의 시설을 제공하는 호텔을 알아보거나, 다음 여행에 비행기 대신 기차를 탈 수 있을지 조사해보세요. 마지막으로 지속가능한 방식으 로 운영하는 공동체나 단체를 발견하면 투자하세요. 현지인이 운영 하는 호텔에 머무르세요. 현지인 가족이 운영하는 와이너리를 방문 하고 기념품을 살 때는 문화적 전통을 잇는 여성들이 만든 제품을 찾아보세요.

무엇을 할까

인도 – 표범 트래킹

호랑이, 오랑우탄, 판다, 흰표범 등 아시아의 야생 동물은 아프리카 야생 동물보다 만나기 힘들다. 서식지가 적은 데다 동물들이 사람을 피해 자연을 배회하기 때문이다. 라자스탄의 거친 화강암 바위와 강변 모래둑 위에 자리잡은 수잔 자와이 표범 캠프Sujan Jawai Leopard Camp에서 리와일딩 프로젝트를 통해 보호하고 있는 16만평 규모 표범 서식지를 체험해보자.[42]

부탄/네팔/인도 – 트레킹과 민박

세계에서 가장 책임감 있는 관광 프로젝트는 히말라야산맥에서 찾을 수 있다. 멀리 떨어진 산속 마을을 잇는 몇백 년 된 길을 따라 여행하면 환경에 해로운 영향을 끼치지 않으면서 민박을 통해 지역 공동체에 도움도 줄 수 있다. 빌리지 웨이즈Village Ways, 샤크티 히말라야Shakti Himalaya, 사사네 시스터후드Sasane Sisterhood, 블루 욘더The Blue Yonder, 페헤네 트래블Feheneh Travel의 상품을 찾아보자.

캄보디아 – '트리 얼라이언스' 레스토랑 이용

거리를 떠도는 아이들이 더 나은 삶을 살 수 있도록 돕는 자선 단체 트리 얼라이언스Tree Alliance에서 운영하는 레스토랑을 찾아 씨엠립에서는 사원 음식을, 루앙프라방에서는 지역 이색 음식인 메콩강 수초로 만든 바삭한 칩을, 프놈펜에서는 가족 전통 레시피를 맛보

자. 레스토랑 수익은 모두 소외계층 아이들을 위한 교육이나 사회적 프로그램에 쓰인다. 43

몽골 – 트랜스몽골리아 트레일에서 말타기

몽골에서는 승마할 기회가 많이 있다. 작은 그룹으로 다니며 여정 동안 흔적을 남기지 않는, 현지인이 인솔하는 상품을 찾아보자. 가장 근사한 여정은 트랜스몽골리아 트레일을 따라 후근 타란 국립공원Khogn Tarna Sacred Mountain과 아르항가이Arkhangai의 화산을 가로지르는 여정이다.

중국 – 윈난성 북서쪽 하이킹

후타오샤Tiger Leaping Gorge 협곡과 샹그릴라Shangri-La현이 있는 윈난성 북서쪽 산악 지역에는 전설과 문화, 자연이 얽혀 있다. 가장 지속가능한 방법으로 이 지역을 경험하고 싶다면 지역 공동체에서 운영하며 나시Naxi족 및 이Yi족 등 소수 민족을 가이드로 채용하는 리장 신투오Lijang Xintuo 친환경 관광 회사를 통해 하이킹을 떠나보자.

어떻게 다닐까

인도 – 우먼 온 휠즈

방문객과 현지인 모두를 놀라게 한 영리한 사회적 기업인 우먼 온 휠즈Women on Wheels는 델리, 자이푸르, 콜카타 및 인도르에서 소외 계층 여성에게 일자리를 제공한다. 수입원을 제공해 현지 여성의 역량을 강화하는 동시에 여성 여행자가 안심하고 이용할 수 있는 서비스를 제공하고 있다.

일본 – 참배길

불교의 천년 역사가 깃든 구마노 구도 참배길은 외딴 마을과 쾌적한 숲을 따라 이어진다. 아름다운 기이반도 곳곳에 있는 상징적인 장소 덕분에 까미노 데 산티아고와 함께 유일하게 유네스코 세계유산으로 인정받은 순례길이 되었다.[44]

중국/몽골/러시아 – 트랜스몽골리안

아시아의 기차 여행하면 시베리아 횡단 열차를 떠올리기 쉽지만, 시베리아 열차보다 더 짧은 여정 속에서 3가지 문화권을 느낄 수 있는 트랜스몽골리안Transmongolian 노선도 둘째가라면 서럽다. 열차는 거대한 사원과 시장, 고층 건물이 빽빽한 베이징에서 출발해 보드카, 오물(바이칼에서 나는 생선-옮긴이), 다차(러시아식 교외 별장-옮긴이)를 경험할 수 있는 바이칼호숫가까지 달리며 각기 다른 매력을 뽐내는 여행지들을 누벼보자.

베트남 – 통일특급

베트남의 남북철도 노선을 따라 달리는 열차에는 '통일특급'이라는 낭만적인 별명이 붙어 있다. 전쟁, 평화, 통일의 역사가 모두 깃들어 있는 열차를 타고 달리며 감성을 채워보자. 베트남의 등허리를 따라 1,726km를 달리며 논, 어촌, 도심을 가로지르는 동안 느린 여행의 참맛을 느낄 수 있다.

필리핀 – 파라우 세일링 체험

전통 파라우(노 받침대가 양쪽으로 달린 필리핀 전통 배-옮긴이) 중에서도 크기가 가장 크며 역사적인 유물로 여겨지기도 하는 바탈릭The Batalik에 타 보는 것만으로도 멋진 경험이 될 것이다. 파라우 익스페디션Paraw Expedition 팀과 현지 기술자, 역사가의 노력이 만나 여행객을 태우고 바다로 나갈 수 있게 되었다. 팔라완 북부의 인적이 드문 울창한 숲을 탐험하는 여정 또한 특별하다.45

감사의 말

제레미 스미스, 메간 데브니쉬, 리처드 해먼드, 그래햄 밀러, 비키 스미스, 저스틴 프랜시스, 프랜 휴스, 델파인 킹, 앤 캐더린 쉬너, 조이 음바투, 해리엇 와이팅, 프란시스카 켈렛, 제인 앤더슨, 앨리스 캘렌더, 알리샤 브렛, 나오미 맥키, 애나 폴록, 수잔 베켄, 줄리 치탐, '롱런'의 동료들, 그리고 영감을 주고 지지해준 분들께 감사의 말을 전합니다. 전 세계에서 멋진 여행 프로그램을 운영하며 관광객을 맞아주시는 운영자 여러분, 여러분이 없다면 여행은 아무 의미가 없을 것입니다. 감사합니다.

지속가능한 여행을 하고 있습니다

Photography/Alamy; 128 Oskar Hellebaut/ Shutterstock; 134 Ira Shpiller/ Shutterstock; 138 Eat Like A Local; 142 Image Professionals GmbH/Alamy; 147a Global Himalayan Expedition; 147b Samara Heisz/Alamy; 155 Fakrul Jamil/ Shutterstock; 162 Bhanu Pratap Singh Rathore; 163 Kasia Nowak/Alamy; 167 Comuna do Ibitipoca; 169 Aardvark/Alamy; 172 Wolgang Kaehler/Alamy; 176 Lloyd Vas/Alamy; 177 Demamiel62/Shutterstock; 182 Jamie Lafferty/Guyana Tourism Authority; 186 Niebrugge Images/Alamy; 189 Kim David/Shutterstock; 192 Colin Palmer Photography/Alamy; 194 Moiz Husein/Alamy; 198 Namhwi Kim/Alamy; 204 Alamy; 205 Robert Harding/Alamy; 206 Juergen Ritterbach/ Alamy; 209 Nature Picture Library/Alamy; 210 Minden Pictures/Alamy; 213 Cultura Creative RF/Alamy; 214a Phil Dunne/Alamy; 214b Nature Picture Library/ Alamy; 216 Song_about_summer/Shutterstock; 219 Bozulek/Shutterstock; 220 3 Rivers Eco Lodge; 225 Zbigniew Dziok/Alamy; 227 AgaDetka/Alamy; 230 Oliver Wintzen/Alamy; 233 Antony McAulay/ Shutterstock; 237 TK Kurikawa/ Shutterstock; 241 EQRoy/Shutterstock; 244 RafaGalvez41/Shutterstock; 248 Education Images/Getty Images; 251al Hilke Maunder/Alamy; 251ar Galumphing Galah/Shutterstock; 251bl Karel Stipek/Shutterstock; 251br AFP/Stringer/Getty Images; 254l FiledImage/ Shutterstock; 254r ImageBroker/Alamy; 256b Douglas Lander/Alamy; 256b Bildagentur-online/Schickert/Alamy; 259 Yorkshireknight/ Shutterstock; 262a P. Spiro/Alamy; 262b Hemis/Alamy; 265l Jit Lim/Alamy; 265r Robert Mutch/ Shutterstock; 267l David Hunter/Alamy; 267r Wolfgang Kaehler/ Getty Images; 270 Guaxinim/Shutterstock; 273al Kelly Venorim/Shutterstock; 273ar K.D.Leperi/Alamy; 273bl Bettina Strenske/Alamy; 273br Alison Wright/ Alamy; 275l Alan Falcony/Shutterstock; 275r Wolfgang Kaehler/Getty Images; 282 Supergenijalac/Shutterstock; 285a Kolarbyn Ecolodge; 285b Building Image/ Alamy; 287l Mark Baynes/Alamy; 287r Nature Picture Library/Alamy; 290l Varuna/Shutterstock; 290r Phaustov/Shutterstock; 292 Robert Harding/ Alamy; 295 Ariadne Van Zandbergen/Alamy; 296 Martin Harvey/Alamy; 299l Education Images/Getty Images; 299r Gallo Images/Alamy; 301l Arterra/ Getty Images; 301r Mauritius Images GmbH/Alamy; 304 GTW/Shutterstock; 307a Juergen Hasenkopf/Alamy; 307b Eric Lafforgue/Alamy; 309l National Geographic Image Collection/Alamy; 309r Ian Bottle/Alamy; 311l Art Directors & TRIP/Alamy; 311r Justin Setterfield/Getty Images; 314 Wattanal/ Shutterstock; 316l Alamy; 316r The Yard Bangkok; 318 Moonie's World Photography/Alamy; 322l Bhasmang Mehta/Shutterstock; 322r Hemis/Alamy; 324l Chrytite RF/Alamy; 324r Michael Wels/Alamy

지속가능한 여행을
하고 있습니다

1판 1쇄 발행　2021년 6월 10일
1판 2쇄 발행　2022년 4월　1일

지은이 홀리 터펜
옮긴이 배지혜
펴낸이 김기옥

경제경영팀장 모민원
기획 편집 변호이, 박지선
커뮤니케이션 플래너 박진모
지원 고광현, 임민진
제작 김형식

인쇄 · 제본 민언프린텍

펴낸곳 한스미디어(한즈미디어(주))
주소 121-839 서울시 마포구 양화로 11길 13(서교동, 강원빌딩 5층)
전화 02-707-0337 | 팩스 02-707-0198 | 홈페이지 www.hansmedia.com
출판신고번호 제 313-2003-227호 | 신고일자 2003년 6월 25일

ISBN 979-11-6007-611-0 03300